루돌프 오토

예 수

Leben und Wirken Jesu

루돌프 오토
예 수
𝕷𝖊𝖇𝖊𝖓 𝖚𝖓𝖉 𝖂𝖎𝖗𝖐𝖊𝖓 𝕵𝖊𝖘𝖚

발 행 | 2021년 02월 14일
지은이 | 루돌프 오토
옮긴이 | 진규선
펴낸이 | 이종은
펴낸곳 | 수와진
출판사등록 | 2020.08.31(제2020-000244호)
주 소 | 서울특별시 강남구 광평로1길 21, 201호(일원동)
이메일 | eva3927@nate.com

ISBN | 979-11-973278-8-9 (03230)

루돌프 오토

예 수

Leben und Wirken Jesu

진규선 옮김

수와진

일러두기

- 원서 정보: Otto, Rudolf: *Leben und Wirken Jesu: nach historisch-kritischer Auffassung*. Vandenhoeck & Ruprecht, 1905.
- 성경 인용은 주로 개역개정을 따랐으며, 필요에 따라 직역했다.
- 원서에는 없지만 가독성을 위해 삽입한 부분은 각 괄호 [ ] 처리를 해두었다.
- 원서의 마지막 몇 문장들과 추천도서는 현대의 독자들에게 맞지 않으므로 제외시켰다.

목 차

예 수

역사-비평의 눈으로 본 예수의 삶과 사역

루돌프 오토

여는 말

교회 전통이 보여주는 예수의 삶과 사역에 대한 상(像)은 비평적 역사 연구가 보여주는 상과 다르다. 나의 몇몇 친구들은 적어도 후자와 관련하여 하노버의 교회 발전을 위해 가장 일반적인 특징들이라도 알고자 하는 열망을 갖고 있었다. 그래서 그들은 연속 강연을 구상했고 그것을 출판할 것을 내게 권유했다. 저 권유를 따르는 것, 생동감 넘치는 그림을 원하는데 빈약한 스케치를 주는 것이, 여전히 미완성인 지식을 완성하기도 전에 대중화 시키는 것이, [신앙에] 방해가 되거나 [신앙을] 불안하게 만들지도 모르는 것에 대하여 말하는 것이 과연 현명한 일이었을까? 이러한 종류의 고민으로 인해 나는 강연자로서 처음에는 다소 폐쇄된 모임을 위해서만 '강연 원고'를 넘겨주려고 했다. 그러나 우리의 전통적인 교회의 관점들에 대한 개혁과 발전이 점점 더 강력하게 요구되고 있으며, 또한 그것을 위한 모든 정직한 시도들이 정당화 되어야 한다는 점에서 그러한 요구는 피할 수 없는 의무가 되었다. 그리고 비록 역사 비평적 조사 결과가 아직 종결된 것은 아니라 할지라도, 일반적인 원칙과 전반적인 방향은 충분히 확보된 상태다. 또한 혹시나 종교의 기원에 대한 역사 비평적인 고찰이 일부 사람들을 훼방하거나 불안하게 만든다 할지라도, 동시에 이것이 그 외의 다른 수많은 사람들을 해방시키고 회복시켰다는 것 역시 이미 오래전부터 입증된 바이다. 이러한 강연들이 그러한 영향을 미쳤음을 확인한 경험, 그리고 다른 한편으로 '강연 원고'의 인쇄된 내용이 적대적인 사람들에 노출되어 공격당한 상황 등이 결국 출판해야겠다는 마지막 동기를 제공했다. 혹시나 잠재적인 독자들이 나의 의도를 존중함으로써 이 강연이 선전용 목적으로 오남용 되지 않기를 바란다면, 그리고 저자의 본래의 판단을 공유하길 원한다면, 다시 말해, 내가 다루는 내용을 잠재적인 독자들이 잘 이해한다는 그 본래의 방향성과 동기가 충족될 수 있다면, 이 강연들의 가치와 목적은 달성된 것이라 할 수 있다.

1902년 2월 괴팅엔에서

신학자, 루돌프 오토

I부 예수의 삶과 사역에 대한 역사적 자료들

예수의 삶과 사역에 관해 말하려면 반드시 역사 연구의 관점을 따라야 한다. 그러므로 가장 먼저 던질 질문은 이것이다.

"우리는 어떤 자료로부터 예수의 사역, 예수의 인격, 예수의 삶에 관한 지식을 얻을 수 있는가?"

"어떤 것이 그것과 관련된 역사 자료가 될 수 있는가?"

가장 먼저 신약 성경이 이에 해당한다. 신약은 단권 서적이 아니다. 오히려 신약은 다양한 시대, 다양한 저자의 다양한 내용과 목적들로 구성된 책들을 갖춘 작은 도서관이다. 처음 몇 세기 동안 교회는 그 책들을 수집했다. 교회는 그것들 안에 고전 시대, 곧 사도 시대의 산물들인 교회의 기원에 대한 기억들과 진실한 문서들이 있다고 믿었다. 교회는 그것들을 찾아내고 모으는 과정 중 신중을 기했으며 또한 사려 깊은 역사적 안목을 갖고 그 일을 진행했다. 교회는 볼품없고 불확실한 온갖 자료 중에서 종교적-도덕적 내용에 따라 가장 수준 높고, 무엇보다 '참된 것,' 사도적인 혹은 가장 시간적으로 오랜 기원을 갖고 진실된 보고를 들려주는 것을 선별했다. 그럼에도 불구하고 역사적 검토는 그저 교회의 판단에 만족할 수 없다. 역사학적, 종교학적, 언어학적 비평에 따르는 수단과 방법을 동원한 역사적 검토가 이루어져야 했다. 신약의 전체 모음집인 복음서들, 사도들의 편지들 등, 책 각 권들은 새롭게 그리고 훨씬 더 엄격하고 수고스러운 작업 가운데 검토되었고, 그것에 대한 다양한 평가가 이루어졌다. 수세기 동안 안전하고 결코 도전 받지 않았던 것으로 여겨진 많은 내용이 변경된 것, 불확실한 것, '불가능'하거나 '알 수 없는' 것으로 판명 났다. 거대한 질문들과 그에 대한 온갖 대답들이 뒤죽박죽이 되었다. 모든 것이 흔들리기 시작했다. 그러나 점차 다시 평온이 찾아오기 시작했다. 지식은 견고해졌으며, 확실한 결과물들은 불확실성을 벗어나 계속해서 쌓아 올릴 수 있는 토대를 제공했다. 무엇보다 갈라디아서, 고린도전후서, 로마서 등, 주요한 네 개의 "바울의 편지"는 가장 격렬한 새로운 비판의 폭풍 가운데서도 여전히 그 지위를 유지했다. 오늘날의 학술적인 비판은 거의 만장일치를 보고있다. 역사적 검토의 거의 확실한 결과에 따르면, 저 편지들은 '진짜'다. 저 편지들이 스스로 주장하듯, 실제로 바울에 의해 예수의 유대-공동체 일원에게, 아마도 '주께서 돌아가신지' 약 20년 후에 쓰였다고 말할 수 있다.

  그러나 이 편지들은 우리의 특수한 목적에 그다지 부합하지 않는다. 저 편지들은 예수의 삶과 설교에 대한 것이 아니라 전혀 다른 목적들(지시, 위로, 훈계, 사사로운 사건 등)을 가진 책자와 비슷하다. 여기서는 단지 예수 자신의 생애에서 기인하는 몇몇 특징들, 말들, 행위들이 발견될 수 있다. 하지만 그러한 몇 안 되는 보고라 할지라도 역사적으로 검토할 가치는 충분하다. 그것들은 적어도 예수의 생애와 사역의 최소한의 틀과 가장 일반적인 특징들을 분명하게 확인시켜 주며, 또한 예수의 역사적 상의 최소한의 토대를 확보한다. 바울의 네 편지가 진짜라면, 최소한 예수라는 이름을 가진 인격체가 실제로 살았고 활동했다는 것, 그리고 그 인물이 제자 공동체에 최고의 영향력을 미쳤고 최고의 가치를 지녔으며 오랫동안 지울 수 없는 인상을 남겼다는 것만큼은 확실하다. 우리가 그에 관하여 알 수 있는 점은 다음과 같다. 예수는 공적으로 가르쳤고 설교했으며, 열두 '제자'가 그 주변에 모였고, 그의 사역을 통해 유대교로부터 결별한 추종자들의 공동체가 생겨났다. 그리고 예수는 스스로를 메시아로 주장했고, 민족의 지도자들의 미움을 샀고, 한 제자의 배신으로 인해 십자가에 못 박혔고, 그의 공동체는 그가 죽은 자 가운데서 다시 살아났으며 머지않아 다시 돌아온다고 믿었다. 바울은 예수의 말 중 일부를 인용하며, 예수가 자신의 죽음 직전 '만찬'을 가졌다고 보고했다. 그리고 가장 중요한 것은 이것이다. 바울의 이 편지들은 특별한 수준의 경건, 따뜻함, 친밀함, 힘을 표현하는데, 그것은 확실히 유대교와 대비할 때, 훨씬 더 높은 수준의 종교를 형성하며, 만약 신학적, 사변적, 바울의 개인적인 이해 방식을 벗겨낸다면, 예수 자신의 설교의 본질적인 내용과 특성 및 새로운 경건함에 관한 믿을만한 결론을 이끌어낼 수 있을 것이다. 물론 이미 말했듯, 바울 편지의 자료들은 너무 일반적인데다가 예수의 인격과 활동에 대한 상을 얻기에는 너무 부족하다. 그러나 비판적인 방식으로 이것들을 보유하는 것이 중요하다. 그것들은 이어지는 검토를 위한 일반적인 표준을 제공하며, 또한 인도 브라만 신화, 불교 신화, 기타 유사한 경우와 마찬가지로 전체 예수의 생애의 상을 혼란스러운 전설로 녹여내고자 하는 사람들의 온갖 사색과 상상을 처음부터 막아준다.

바로 이 일반적인 틀에 내용을 채우기 위해 우리는 신약의 첫 네 권의 책, '복음서'에 전적으로 의존해야 한다. 안타깝게도 우리는 복음서에 대해서는 저 네 통의 위대한 바울의 편지만큼이나 확실한 토대를 갖고 있지 못한다. 여기서의 검토는 수고스럽게도 한 단계씩으로만 진행되며, 믿을만한 진짜 보고와 그렇지 못한 것을, 역사적인 것과 비역사적인 것을 아주 천천히 분리해야 한다. 세세하게 이 단계들에 전념하는 것은 여기서는 불가능하다. 다만 최소한으로 가장 일반적인 특징들을 따라 역사적 진실을 향한 이와 같은 수고스러운 길을 가보자.

첫 단계는 개별 복음서들 사이의 전달 내용 및 전체 특성의 눈에 띄는 차이들을 알아차리고 어떤 것이 확실히 본래의 역사적 전승을 담고 있으며 어떤 것은 아닌지 질문해보는 것이다. 가장 눈에 띄는 차이는 첫 세 복음서와 네 번째 복음서 곧 요한복음 사이에 벌어진 틈이다. 게다가 마태복음, 마가복음, 누가복음에도 여러 차이점들이 있다. 그럼에도 놀라울 정도로 그것들은 일치한다. 방대한 역사적 자료, 말하자면 저 셋은 공유 자본을 갖고 있다. 이야기의 핵심 줄거리인 예수의 생애에 대한 일반적인 개요는 동일하다. 실제로 그것들은 이야기 방식도 동일하다. 유치하고, 순진하고, 심각한 사색도, 기교도, 고의성도 없다. 또한 전체 지평, 곧 종교적인 표상들과 신학적 장치도 동일하다. 하지만 이 모든 것이 네 번째 복음서에 다가가면 현저하게 달라진다. 아마도 가장 눈에 띄는 것이 이쪽과 저쪽에서의 예수의 발화 방식의 차이가 아닐까 한다. 마태, 마가, 누가에서는 간결한 표현들이 짧고 정확하게 듣는 이의 마음과 양심을 단숨에 찌르고, 또한 결코 잊혀지지 않을, 그러나 다채롭고 생생한 비유들은 놀랍도록 선명하며, 그 비유의 신선함은 무엇과도 비교할 수 없다. 요한복음은 완전히다르다. 그 연설은 길고, 엄숙하고, 심오하고, 어렵고, 추상적이고, 때때로는 모호하며, 의도적으로 사색하게 만드는 이중적인 의미를 지닌 표현을 하지만, 상상력이 빈곤하며, 알레고리 친화적이다. 입체적인 비유는 거의 없고, 대중 설교자의 즉석 설교가 아닌, 어떤 학파의 수장 같은 이의 장엄한 담화가 대부분이다. 게다가 저자의 '신학'이 다르다는 것이 금방 드러난다. 저기[공관복음]에는 순진하고 대중적인 단순성이 있지만, 여기[요한복음]에는 높은 수준의 사색이라는 접근 방식이 취해진다. 네 번째 복음서의 저자는 당대의 철학 학교에 속해 있었다. 그 저자에게서 기독교가 단순히 철학으로 변한 것은 아니었지만, 적어도 그는 더이상 자신의 세 전임자들처럼 순진한 방식이 아닌 철학적 표현의 학술적인 방식으로 기독교를 설명했다. 그의 복음서의 첫 부분이 그것을 우리에게 잘 보여준다. 저 복음서 저자는 '로고스'라는 알렉산드리아 철학의 심오한 표상, 곧 영원한 말씀, 하나님 안에 있는 이성, 시간 전부터 하나님 안에 그리고 하나님과 함께 하며 만물을 만든 존재라는 개념을 예수라는 인격에게 적용하여, 당대의 사람들이 예수 안에서 하나님이 계시되었다는 말을 철학적으로 이해할 수 있게 했다. 그리고 이러한 직관을 토대로 하여 그는 자신의 복음을 세운다. 더나아가, 그리스도의 상 그 자체도 네 번째 복음서에서 공관복음과 비교할 때 크게 달라진다. 그리스도가 여기서 매우 장엄하고 엄숙하게 변화했다는 것은, 앞서 표현한 것처럼, '학파의 수장'이 되었다는 것과 같다. 자신만의 고유한 기질과 성품을 지닌 예수라는 명백하고 고상한 인격이 네 번째 복음서에서는 거의 보이지 않는다. 이념이 모든 것을 삼켰다. 대체적으로 역사적 자료는 동일하다.

공관복음의 뚜렷하고 구체적인 보고는 너무도 생생하고 직접적이라서 때로는 공관복음에서 그때의 냄새와 색깔마저 느낄 수 있을 정도이다. 그것이 여기[요한복음]에서는 사유의 틀이 된다. 말하자면 최대의 여유 공간이 주어지고 그 안에서 이동 및 배치가 이루어진다. 그리고 그것의 주된 목적은 어떤 심오한 이념을 드러내는 것이다. 이는 네 번째 복음서에서 예수의 모습이 높아져서 기적적이고 절대적으로 초인적인 영역에 놓이는 방식과 연결된다. 물론 공관복음에서도 그는 충분히 강렬하다. 그러나 요한복음에서는 그보다 더욱 진보한다. 공관복음에서는 역사적 뿌리를 여전히 꿰뚫어 볼 수 있으며 기적을 일으키는 자의 모습이 완전히 초자연적인 영역으로까지 들려 올려진 것은 아니다. 왜냐하면 그가 기적을 행하는데 어떤 어려움도 있으며, 또한 필수 조건도 있고, 심지어 기적을 행할 수 없는 상황도 있기 때문이다. 예수는 손쉽게 모든 것을 할 수 있는 것도 아니며 전능하지도, 전지하지도 않다. 그는 하나님이 자신의 왕국을 언제 세울지도 알지 못한다. 그리고 그가 이것을 편안히 고백해도 제자들은 놀라는 일이 없다. 왜냐하면 그는 철저하게 인간의 영역에, 말하자면 인간으로서 할 수 있는 영역에 머무르고 있기 때문이다. 그러나 네 번째 복음서에서는 다르다. 요한복음이 그리는 그리스도 상의 전경인 로고스가 도처에서 빛난다. 요한복음에는 막힘도, 제한도 없다. 예수는 어렵지 않게 사물과 사람을 꿰뚫어 보며, 너무도 손쉽게 거대한 일들을 해낸다. 그는 물을 포도주로 바꾸며, 죽어서 사흘이나 무덤에 뉘었으며 이미 썩어버린 나사로를 다시 살려낸다.

이처럼 여러 방면에서 네 번째 복음서와 공관복음 간의 사이가 벌어진다. 위의 모든 내용은 공관복음의 보고가 많은 부분에 있어서 역사적 사실에 가깝고 그에 비해 요한복음의 보고는 그것으로부터 멀다는 충분한 증거가 된다. 요한복음 안에서 역사적인 것의 목적은 이념의 알레고리화다. 확실히 이러한 그의 이념은 신약에 기록된 것 중 가장 의미심장하고 고상한 것이다. 또한 분명히 그것은 참으로 기독교의 보물이자 그리스도의 정신 중의 정신이다. 그렇기에 요한복음은 교회사에서 종종 특별한 평가를 받는다. 이 책은 영원히 양보할 수 없는 교회의 재산으로 남아 있을 것이다. 하지만 바로 그렇기 때문에, 만약 누군가가 예수에 관한 확실한 역사 자료를 찾는다면, 네 번째 복음서를 포기하고 공관복음을 붙들어야 한다. 공관복음에는 풍부하지만 요한복음에는 없는 것, 바로 역사적 기억이다. 공관복음에는 이따금 결코 발명할 수 없는 세부 사항, 주변적인 것, 사소한 것들까지도 보존되어 있어서 놀라울 정도로 명확하고 믿을 만한 역사적 상황이 주어진다. 다비드 프리드리히 슈트라우스(David Friedrich Strauß)가 특별히 오랜 세월 동안 저러한 요소들에 집중해왔다. 물론 무의식적이면서도 비의도적인 전설 창작, 기적적인 것으로 확대되고 강화되는 경향, 구약 및 유대 표상들과 이상들의 영향들에 따라 보고되는 내용이 형성되었다. 그렇다. 공관복음의 전체 내용은 전설적이며, 실제로 역사적인 많은 부분도 전설이라는 색이 칠해졌다. 그럼에도 우리는 상당히 견고한 역사적 토대 위에 우리가 서 있다는 것은 분명하다. 게다가 어느 하나를 다른 하나로부터 분리하는 것도 가능하다. 역사적인 것과 반/비역사적인 것을 가를 수 있다. 그것은 간단한 것도, 모든 경우에 가능한 것도, 절대적인 확실성을 가진 것도 아니며, 전문성 없이 아무나 할 수 있는 것도 아니다. 이 일을 위해서는 역사적, 신학적으로 훈련된 비평 능력이 필요하다. 그런 요건을 갖춘 사람은 어느 정도는 확실성을 지닐 수 있고, 상당히 결정적인 경우에, 또 전체로서의 예수의 상과 그의 사역과 관계하여서는 그러한 구별을 해낼 수 있다.

비평에 따라 네 번째 복음서가 역사 자료에서 배제되었으니, 이제 공관복음 내에서도 신뢰도의 정도에 따른 분류가 이루어져야 한다. 별도의 훈련을 받지 않은 사람이라 할지라도 조금만 주의를 기울여 보면, 세 복음서 중 마가복음이 가장 역사적 실체에 가깝다는 것을 알 수 있을 지도 모르겠다. 대체적으로 공관복음과 요한복음에 유효했던 기준을 마가복음과 다른 두 복음서에 적용해도 통용된다. 명확성, 직접성, 역사적 정황에 대한 분명한 흔적들 등. 다른 두 복음서의 동일한 재료에서 더 오랜 전승에 대한 손질, 기록상의 변화, 축소 및 단순화 등을 알아차릴 수 있다. 그리고 기적 지향적인 특징이 마태복음과 누가복음에서 증가한다. 보고가 역사적인 것에 가까울수록 그런 기적 지향은 약해질 것이고, 역사에서 멀어질 수록 이러한 특성이 강해질 것이라 예상할 수 있다. 이는 참으로 마가복음, 마태복음, 누가복음에서 그러하다. 짧지만 중요한 실례가 바로 예수의 수세시의 성령으로 기름부음을 받은 이야기다. 마가복음은 분명하게 그 사건을 예수가 '내면의 환상으로' 경험한 것으로 다룬다. 마가복음은 이렇게 기록했다.

"하늘이 갈라짐과 성령이 비둘기 같이 자기에게 내려오심을 **보시더니**."

마태복음에서는 이것이 외적인 사건으로 변한다.

"하늘이 열리고."

그리고 누가는 거기에 하나님의 성령이 비둘기처럼 내려왔다는데 말로도 부족한지 명시적인 보증을 추가한다.

"비둘기 같은 **형체로**"

이것은 세 복음서의 처음과 끝에 해당하는 전설적인 소재들, 탄생과 부활 이야기의 점진적 확장에서도 동일하다. 마가복음 끝 부분에는[1] 아주 짧게, 어떻게 무덤가의 슬퍼하는 여인들이 한 천사로 인해 갈릴리로 호출되는지가 나온다. 거기서 그들은 부활하신 분을 보게 될 것이다. 마태복음에서는 기적 지향적인 내용이 넓게 펼쳐진다. 마태복음이 들려주는 이야기에 의하면 천사가 하늘에서 내려와 돌을 굴려내고 거기에 앉는다. 그리고 그의 외관이 묘사된다. 여자들은 그 천사에게서 제자들도 무덤으로 직접 가서 거기서 부활하신 분을 만나고 갈릴리로 가라고 이르라는 지시를 듣는다. 그리고 그 부활하신 분은 새로운 모습으로 그들에게 자신을 나타내 보인다. 그러나 누가복음에서는 두 천사가 무덤에 있고, 예수는 잠긴 문을 통과하여 무리들에게 나타난다. 예수는 만져질 수 있고, 그들 앞에서 무언가를 먹는다. 승천 하기 전의 이야기도 부활 보고에 덧붙여진다. 또한 전설적인 출생 이야기와 그 이전의 선행하는 이야기도 마찬가지다. 그에 대한 완전한 연결 고리가 누가복음에서는 발견되지만, 마태복음에는 아주 단순한 형태로 주어진다. 그러나 마가복음에서는 그에 대한 흔적도 찾을 수 없다(이에 대해서는 차차 이야기 하겠다).

이런 연유로 모든 면에서 마가복음은 가장 오래된 첫 번째 복음서임을 스스로 입증한다. 그러나 이것이 전부가 아니다. 다른 두 복음서, 마태복음과 누가복음은 마가복음의 이야기에 의존할 뿐만 아니라 직접적으로 그 내용을 품고 있다. 특별히 마태복음이 이것을 잘 보여준다. 여기 저기 많은 경우, 마가복음은 마태복음에 의해 다시 추출되어 형성될 수 있을 정도다. 이곳 저곳이 편집되

---

[1] 마가복음 결론은 16장 8절에서 끝난다. 9~20절은 일반적으로 진짜가 아니라 후대에 덧붙여진 것으로 인식되며, 오늘날 현대의 성경에 남아있는 것은 부당하다.

고, 살짝 달라지고 다른 전승 소재들과 결합을 통해 본래의 내용이 손상되었을 것이다. 하지만 그것들은 마태복음의 '원천 자료'(Quellenschrift)로서 분명히 인식할 수 있는 것들이다. 그런데 마태복음에서 마가복음을 떼어내면 또 다른 놀랍고 진기한 결과가 도출된다. 마가복음을 뺀 마태복음에는 (탄생 및 부활 이야기와 그에 속한 것들과는 별개로) 그 자체로 고대의 '원천 자료'라 할 수 있는 하나의 작은 소책자 같은 것이 남는다. 아마도 그것은 마가복음보다 더 오래되었을 것이다. 마가복음이 주로 사건을 보고한다면, 이 소책자는 거의 '주의 말씀, 비유, 금언, 긴 연설 등을 포함하며 '진정한 진주 목걸이'를 만들기 위해 그것들을 하나로 꿰었다(예를 들면 산상수훈). 여기에 그야말로 진짜 중의 진짜가 보존되어 있다는 것에는 의심의 여지가 없다. 그 소책자는 처음부터 그 자체로 존재했다. 나중에 누군가가 기록된 마가복음을 그것과 결합시켜 거기에다가 탄생 및 부활에 관한 전설적인 전통을 추가함으로써 마태복음이 탄생하게 되었다. 누가복음은 마태복음 다음에 쓰였다. 누가복음은 얼마나 늦게 쓰였는지 스스로 입증한다(누가복음 1장 1절 이하). '처음부터의 목격자'의 시대는 진작에 지나갔다. 누가복음은 구전이건 기록이건 전승에 의존한다. 전설적인 내용들이 누가복음에서 매우 크게 증가했다. 간혹 '외경의'(apokryphe) 특징들도 발견된다. 한편으로 그것은 또 다른 최고의 종류의 전승과 연결되어 있다. 마가복음과 주의 말씀이 누가복음의 주요 자료이다. 그 외에도 다른 편에서 흘러나오는 많은 소재가 있으며 이것 역시 참된 값진 것으로 인식될 수 있다. 예를 들어 누가의 많은 화려한 비유들이 그러하다.

II부 예수의 삶 – 스케치

"역사적 자료"에 관해 필수적으로 해야 할 말은 너무 많다. 우선 그에 따른 예수의 생애와 사역에 관한 상은 어떻게 형성될 수 있을까?

"예수 그리스도의 복음의 시작"은 가장 명료하게 표현된 마가복음의 제목이다. 마가복음은 세례 요한의 출현과 요단 강에서의 예수의 세례로 시작한다. 사실상 이것이야말로 예수에 관한 확실한 이야기의 시작이다. 마태복음과 누가복음에 선행하는 것들, 즉 예수의 탄생 이야기나 그에 수반되거나 뒤따르는 상황, 예를 들어 세례 요한의 탄생에 대한 보고 등은, 역사-비평적으로 고려할 때, 채색된 주변 이야기로, 말하자면 실제 역사적 사실을 둘러싸려는 경향이 있는 전설에 속한다.

확실히 놀랍도록 섬세하고 아름다운 전설이다. 대천사가 안부 인사를 물으며 소식을 전하고, 베들레헴으로 여정을 떠나고, 들판에 목자들과 천사들의 합창이 있다. "두려워 말라." "지극히 높은 곳에서는 하나님께 영광." 구유의 아기, 동양에서 온 세 명의 현자들이 경의를 표하는 모습, 하늘의 안내자인 별이 그 구유가 있는 작은 집 위에 머무는 일, 성전에서 두 명의 노인을 통해 갓난아이가 환영을 받는 일, 마리아의 엘리사벳 방문, 헤롯의 분노, 이집트로의 피난 등. 이러한 문학은 처음부터 끝까지 전설로서, 이후의 외경 복음서 문학의 황량하고 아무 의미도 없는 우화 위에 우뚝 서 있으며, 그리스도의 역사적 상을 아름답게 장식한다. 누가 그것을 없애고 싶어할까? 누구도 주현절이나 성탄절에 친숙한 이 이야기를 몇 번이고 반복해서 듣는 일을 빼앗기고 싶어하지 않을 것이다. 그렇다고 해서 전설과 역사를 구별할, 우리 혹은 우리에게 의존하는 사람들이 이러한 능력을 어느 정도 훈련 받아야 할 의무가 사라지는 것은 아니다. 이 과제는 매우 어렵다. 그럼에도 폭넓은 성경 독자들은 이미 종교적-도덕적 사안에 대해 성경이 갖는 권위/가치와, 물리적, 지리적 기타 그러한 표상들에 대해 갖는 성경의 권위/가치를 구별할 수 있다. 만약 천동설과 지동설 사이의 엄청난 차이에도 불구하고 신앙을 해치지 않고 오히려 불러일으키는 일에 성경을 활용할 수 있다면, 거룩한 '설화'(Sage)와 거룩한 '역사'(Geschichte)로서의 성경의 내용을 구별하는 것을 가르치는 것도 동일할 것이다. 만약 이것이 제대로 이루어질 수 있다면, 성경의 그와 같은 힘은 아무것도 잃지 않게 만들 것이다. 오히려 많은 사람이 그와 같은 구별을 통하여 이러한 힘을 얻거나 혹은 되찾을 수 있을 것이다. 거룩한 설화, 거룩한 역사 등과 같은 개념은 오늘날 신학자들이 더이상 무시할 수 없는 구별인데다가 종교 연구에 도입되어야 하는 것으로서, 절대적으로 필요하다. 그리스도 출생 이전 이야기가 전설이라는 지식으로 인해 크리스마스 축제의 의미가 폐지되겠는가? 성숙한 그리스도인에게 천사들의 합창이나 주변 기적 이야기들은 중심 내용이 아닌 그 축제의 장식과도 같다. 크리스마스의 진정한 의미는 예수 그리스도의 탄생을 축하하는 데 있다. 예수를 둘러싼 그러한 전설들이 실제로는 한 번도 일어난 일이 아니라 할지라도, 이 날에 축하하고 기뻐할 가치는 여전히 존속한다.

종교사 및 전설 형성에 대한 일반적인 지식을 통해 훈련 받은 눈으로 볼 때, 어떤 것이 역사가 아니라 전설을 다루는지 쉽사리 파악된다. 게다가 신약의 나머지도 출생 이야기들을 실제 역사로 인식하지 못한다. 바울이나 마가는 그런 것들에 대해 전혀 모른다. 이러한 것들에 대한 요한복음의 침묵도 일종의 직접적인 증거가 될 수 있다. 요한복음은 아마도 이미 마태와 누가가 기록된 지 한참 지나서 그것들이 광범위한 집단의 공유자산이 되고, 동정녀 탄생 교리가 확고히 자리를 잡았을 때 쓰였을 것이다. 그리고 요한복음은 예수의 유일성과 의미를 드러내고 확정하기 위해 영원한 로고스의 성육신에 관한 가장 숭고한 표상들과 표현들을 사용했다. 그럼에도 요한복음은 동정녀 탄생이라거나 예수의 어린 시절에 관한 어떤 다른 전설도 들려주지 않는다. 이러한 침묵은 아마도 요한의 로고스-그리스도를 설명하기에는 그 표상들이 너무 원시적이면서도 **[신화적]** 신인동형적(anthropomorph)이라 그것들을 거부했다는 의미일지도 모른다. 그리고 마태에서 누가에 이르는 전설적인 소재들의 점진적인 증가를 추적하는 것은 실제 사실을 찾는데 유익하다. 우리는 마태에서 아직 과정 중에 있으며 보다 더 단순한 양식을 발견한다. 예를 들어 마태복음에서 요셉은 꿈에서 마리아가 성령으로 잉태할 것이라는 통보를 듣는 것이 전부다. 그에 비해 누가복음에는 가브리엘의 수태고지, 마리아와의 대화, 마리아의 순종 등등 세세한 이야기들이 있다. 전설이 입에서 입으로 어떻게 계속해서 전달되며 커져가는 지를 엿볼 수 있다. 이는 메시아 탄생 이전 이야기에만 그치지 않는다. 예수와 마찬가지로 그보다 앞선 요한도 메시아와 평행하는 기적적인 출생 이전 이야기, 곧 천사를 통한 고지부터 시작하여 출생 전후의 표징들에 관한 이야기를 갖고 있다. 신약 그 자체가 출생 이야기의 역사성에 반대하는 가장 명확한 증거는 예수의 어머니나 가족 구성원들이 예수가 공생애를 시작했을 때 가진 태도다. 그들은 예수를 부정한다. 그들에게 예수는 대단한 인물이 아니다. 그들은 예수가 훨씬 더 높은 존재라는 자각이 없으며, 그를 막으려고 하며, 그를 믿지도 않으며 그가 떠나자 다시 데려오려고 한다. 심지어 그들은 예수가 악마에게 사로잡혔다고 말한다. 그래서 예수도 그들을 포기했고 저들이 아니라 자신의 공동체야 말로 자신의 가족이라고 말했다. 만약 탄생 이전 이야기 중 단 하나의 사건이라도 실제로 일어났다면, 과연 이것이 있을 수 있는 일일까?

역사-비평적 이해에 의하면 예수는 요셉의 아들이다. 그것이 그의 이름이다. 나사렛의 모든 사람이 그를 그렇게 안다. 이것이 가장 본래의 견해다. 그런데 너무도 순진한 방식의 예수의 계보가 마태복음 1장과 누가복음 3장에서 발견된다. 그들은 예수의 '다윗 혈통'을 입증해야만 했다. 그런데 두 계보 모두가 요셉에게로 이어진다. 요셉이 예수의 아버지가 아니었다면 이 모든 입증 시도는 무효가 될 것이다. 계보의 마지막이 다음과 같아야만 하는 것은 아닐까 하는 추측이 오랜 세월 동안 있었다. "요셉이 예수를 낳았다." 놀랍게도 이러한 추측은 최근에 확인되었다. 몇 년 전 시나이에 있는 성 카타리나 수도원에서 하나의 시리아어 복음서 사본이 발견되었고, 그것은 이전에 존재하는 그 어떤 것보다 오래 된 사본이었다(1892년 발견된 팔림프세스트, **syr**[s] 를 말한다-역자주). 그리고 실제로 그 마지막은 현재 우리가 가진 마태복음 1장 16절과 달리 원래의 양식을 분명하게 보여준다. "요셉이 예수를 낳았다." 따라서 출생 이야기에 대해서는 이렇게 질문하지 않는다.

"그것이 역사입니까, 전설입니까?"

오히려 남은 질문은 이것이다.

"어떻게, 무슨 동기로 그러한 전설이 발전했습니까?"

종교사는 이 질문을 진지하게 곱씹어야 한다. 그러나 일반적인 수준에서 이에 대한 대답이 제시될 수 있다. 왜냐하면 종교 공동체의 창시자가 그의 제자들의 신앙심으로 인해 점점 더 자연 조건에서 해방됨으로써 어떤 초인적인 요소로 그의 특별한 현현을 설명하는 것은 종교사에서는 일반적인 일이기 때문이다. 그리스도의 탄생 전설과 평행하는 많은 이야기가 있다. 예를 들면 조로아스터나 플라톤이 그러하며 붓다의 경우는 참으로 눈에 띈다. 전설에 의하면 붓다도 초자연적으로 잉태되었고, 그도 역시 인간 아버지가 없다. 붓다도 기적과 표징 가운데 태어났으며 하늘의 무리가 그의 탄생을 축하했다. 제사장들과 점치는 자들이 그의 출생 직후 그를 보고 다가올 여명을 알아차린다. 이러한 평행의 일치는 괄목할 만하다. 종종 사람들은 이러한 유사성은 오로지 여기 저기서 차용하는 것이라고 생각하긴 쉽지만 그것은 아니다. 그러한 직접적인 차용의 흔적이 입증되진 않는다. 오히려 어떤 일정한 역사적 법칙에 따라 **동일한 동기**로 인해 같은 종류의 전설 형성이 그토록 다양한 장소에서 발생할 수 있다. 하지만 한 걸음 더 나아가, 우리가 가진 이 전설의 특수한 양식의 요소들을 다룰 수 있다. 슈트라우스가 참으로 옳다. 구약 족장들 이야기와 예언자들 이야기 그리고 예수 공동체 안에서 효력을 발휘한 메시아에 대한 유대 표상들, 이 모든 것이 예표이자 요소들이다. 천사를 통한 꿈이나 예지나 예언 등이 바로 그런 것으로 설명될 수 있다. 이삭이나 야곱은 예언으로 약속된 아들이었고 하나님의 특별한 능력으로 태어났다. 사무엘도 마찬가지다. 게다가 예레미야 이후, 하나님의 사자들은 하나님에 의해 선택되고 어머니의 자궁에서 미리 그 운명이 결정된다는 것은 일반적인 견해였다. 그렇다면 만약 메시아의 경우라면 이것들이 얼마나 더 작용하겠는가! 메시아는 그 존재가 거의 초자연적인 수준으로 간주되었다. 메시아가 단순한 사람과는 다른 조건으로 지상에 올 것이라 여기기에 충분했다. 이 모든 것에 더하여 이사야 7장 14절을 읽어보라. "처녀가 잉태하여 아들을 낳을 것이요." 분명히 이사야는 이 시점에서 메시아를 떠올린 것은 아니었다. 그러나 이 구절은 메시아와 관련되었다. 본래의 히브리어 본문에서 사용된 것은 '처녀'가 아니라 '젊은 여성'이었을 것이다. 그러나 헬라어 번역에서, 또한 그 번역에 대한 해설은, 마태복음 1장 23절에서 보듯이 '처녀'가 되었다. 분명히 오해된 이러한 이사야 구절의 영향으로 인해 동정녀 탄생이라는 특별한 표상이 발생했다. 이 구절이 없었다면 아마도 그 전설은 단순히 이행 중에 멈추어, 훗날 요한복음이 취한 전설만 남았을 것이다.

한편, 예수의 공생에 이전 시간대에 관하여 보고하는 것은 '성전에서의 열두 살 예수' 이야기 뿐이다. 이 구절도 종종 비평의 도전을 받았다. 하지만 그럴 만한 이유는 딱히 없다. 왜냐하면 거기에 별 다른 기적의 요소나 전설적인 것은 없기 때문이다. 열두 살 정도의 소년이 그런 방향으로 자랄 수 있다. 어린 나이의 아이에게 장차 종교적인 천재성을 엿볼 수 있다고 해서 딱히 이상할 것은 없다. 정리해보자. 우리가 그의 탄생 이전 이야기에 관하여 믿을 수 있는 것은, 그가 평범한 부모의 아들이었고, 나사렛 출신이며 오늘날에도 친숙한 갈릴리의 산동네(갈릴리 호수와 하이파 만 중간에 위치한)로 왔으며, 그리스식 혹은 유대-랍비 수업을 전혀 받지 않았고 단지 자신의 민족이 가진 거룩한 책으로부터 단순한 '종교 교육'만 받았으나 그의 빛나는 눈과 참된 이해력으로 교사들이나 종교 전문가들보다 훨씬 더 그것[거룩한 책]을 총명하게 읽을 수 있었다는 것 등이다. 자신의 고등한 사명에 대한 깨달음을 일으키고 자신의 고유한 종교성을 성숙시키는 그러한 그의 내면 발전에는 오랜 시간이 필요했다. 그는 30세(빠르게 성장하는 동양인에게는 상당히 성숙한 나이)에야 비로소 힘을 갖고, 집중력과 심오한 영향력을 갖추어 전면에 나선다. 초창기 그의 과업은 세계와 영원에 관한 사명이 아니라, 전적으로 시공간의 제한에 묶여 있는 것처럼 보인다. 초창기의 그의 등장과 사역은 세례 요한과 똑같다. 분명 세례 요한의 출현이 예수의 출현의 동기가 되었을 것이다.

세례 요한은 무엇을 바랬을까? 그도 분명히 어떤 완전히 시공간에 제한된 무언가를 바랬다. 수세기 동안 유대 민족은 (자꾸 바뀌는) 이방 세력들의 압박 하에 놓여있었다. 그런 압박이 심각해질 수록 하나님의 최종적인 개입에 대한 갈망은 더욱 강렬 해진다. 고대 예언자들의 유다와 예루살렘의 궁극적인 통치 및 대적의 굴복에 대한 모든 예언과 약속이 다시 살아났다. 본래 그러한 예언들은 앗시리아와 바벨론을 향했던 것이지만, 새로운 상황에도 여전히 그것들은 유효했다. 거기다가 하나님이 곧 자신의 백성에게 자비를 배풀어 주실 것이라는 새로운 약속이 추가되었다. 이러한 모든 희망, 갈망, 꿈들이 임박한 '하나님 나라' 혹은 '하늘 나라'라는 사유 방식에 요약되어 있었다. 그것은 곧 유다에 화려하고 초자연적인 통치가 세워질 것이라는 이상이었다. 이러한 사유에 상상까지 덧붙여졌다. 그 상상은 하나님 나라라는 그림을 더욱 반짝이고 경이롭고 초자연적으로 만들어 주었고, 고대하며 갈망하는 대상으로서, 고통 가운데 고요한 위로로서 세대를 거쳐서 계속해서 전달되었다. 그리고 환상, 생동감 넘치는 묘사, 알레고리로, 때로는 수준 높은 시로, 때로는 웅장한 형식으로 다가올 하나님 나라를 채색하는, 또 이전에는 없던 전적으로 독특한 문학인 '계시록'이 등장했다.[2] 그 하나님 나라 사유와 더불어 옛 메시아 표상도 강하게 다시 살아났다. 이사야는, 이 민족과 다윗 가문이 붕괴와 쇠퇴 이후 다시 새로이 세워져 하나님의 은총을 받은 한 '가지'가 그들의 부족들 가운데서 영웅과 통치자로 나타나 유대 민족을 새로이 재건할 것이라고 예언했다. 그의 예언은 아직 성취되지 않았다. 뒤이은 다윗의 후손들은 이사야가 고대하는 것을 해내지 못했다. 다윗 왕조 자체가 쇠퇴하고 있었다. 하지만 세대가 지날 수록 반드시 와야 할 하나님의 영웅인 '기름부음 받은 자'에 대한 소망은 계속되었다. 이 기름부음 받은 자는 신학적 개념이자 동시에 저 채색된 상상력에서 가장 선호하는 대상이 되었다. 그의 상은 역사적인 이사야의 뿌리와 근본 표상으로부터 완전히 분리되어 상상 속 초인적이고 경이로움을 불러일으키는 특색을 갖추었다. 하나님 나라와 메시아를 향한 이러한 소망은 책들과 경건한 소망만을 낳은 것이 전부가 아니었다. 그것은 또한 억압하는 힘에 저항하는 불안한 움직임도 낳았다. 말하자면 '위(僞) 메시아들'이 태어난 것이다. 설교자들, 예언자들이 넘쳐났다. 그 중 하나가 바로 세례 요한이다. 그는 이렇게 설교했다.

---

[2] '요한계시록'에서 본래의 유대인의 사유 및 유대인이 갈망하는 세계 중, 상당한 부분이 변화 및 수용되었다.

28

"하나님 나라가 가까이 왔다."

"이미 도끼가 나무 뿌리에 놓였으니 좋은 열매 맺지 아니하는 나무마다 찍혀 불에 던져지리라."

그리고 반짝이는 눈으로 그는 '장차 올 그 나라'를 바라보았다.

"그 나라가 가까이 왔다."

이 선포가 요한에게서 취해지자 다른 방향을 갖게 되었다. 이전의 선동가들이나 당 짓는 자들처럼 요한은 이 선포 뒤에 "그러므로 싸우기 위해 검을 움켜 잡으라"고 하지 않고, 오히려 그저 "그러므로 회개하고 돌이키라"고 요구했다. 그에게 하나님 나라는 인간의 손이나 정치적-민족적 부강을 통해서가 아니라, 오로지 전적으로 하나님의 놀라운 개입을 통해서 이루어질 사건이었다. 여기서 인간이 해야 하는 일은 단지 전적으로 하나님께 자신을 내어드리는 것, 그의 뜻에 순종하는 것이다. 옛 예언자들의 사유가 요한안에서 다시 깨어났다. "하나님은 순전한 손과 마음을 가진 백성에게 찾아오신다. 스스로를 깨끗하게 하는 자만이 천국에 들어갈 것이다." 그런 의미로 그는 '열심당'이나 신정통치를 주장하는 선동가, 열광주의자, 정치적 운동가의 반열에서 벗어난다. 그는 전적으로 위대한 회개 설교자였다. 요한이 촉구한 것은 죄로 물든 길에서 돌아서는 것으로서 하나님의 율법, 엄격한 훈육과 금욕에 복종하고자 하는 마음이다. 요한은 진지한 정화와 정결을 위한 표시로서 요단에서 세례를 베풀었다. 그가 자신의 민족의 주변인들에게 미친 영향은 어마어마하다. 군중이 그에게로 몰려들었고, 그의 주위에 제자 무리가 형성되었다. 다가올 그 나라와 그에 필요한 회개에 대한 요한의 선포는 많은 사람으로 하여금 그 내용을 자신들의 고향과 모임으로 갖고 가게 만들었다. 처음에는 예수도 그러한 사람들 중 하나였을 것이다. 예수도 다른 이들과 마찬가지로 요한의 외침과 설교에 사로잡혀 있었다. 또한 그도 세례를 받고 다가올 하나님 나라와 회개에 관하여 동일한 설교를 듣고 집으로 돌아갔다.

"회개하라, 천국이 가까이 왔느니라."

하지만 이제 우리는 예수가 요한보다 더 위대하며 그의 민족을 향해 더 나은 복음을 선포했다는 것을 보여주어야 한다. 하지만 그것은 나중에 하고, 지금은 그가 어떤 삶을 살았는지 마저 스케치 해보자. 예수는 자신의 소명과 숭고한 사명을 세례 시에 깨달았다. 마태복음과 누가복음에서 이 순간이 외적인 과정이 되었지만, 마가복음을 살피면, 그것이 실제로 무엇인지 알 수 있다. 이사야나 예레미야처럼 고대 이스라엘과 유다의 위대한 예언자들에게 일어난 것과 비슷한 일이 예수에게도 일어났다. 이사야는 결코 스스로 예언자나 하나님의 사자가 된 것이 아니다. 간단한 보고에서도 그 강렬함과 규모를 느낄 수 있는 어떤 영적인 체험 가운데(이사야 6장) 그는 부름을 받았고, 거의 반강제로 예언자의 직분을 맡아야만 했다. 그는 성전 안에서 높은 보좌에 앉은 야훼를 바라 보았고, 자신을 부르는 소리와 야훼의 백성들에게 전달해야 만 하는 두려운 소식을 들었다. 그와 마찬가지로 예수도 하늘이 열리는 것을 보았고 그가 공생애에 나설 수 있게 만든 그 음성을 들었다. 도대체 이것은 어떤 경험인가? 우리는 환상, 예를 들면 시각적 환각이나 청각적 환각을 알고 있으며 충분히 납득할 만한 심리적 설명을 할 수도 있다. 예를 들면, "엄청난 정서적인 흥분" 이라거나 "입체적인 상상력" 또는 "신경 과민" 등. 하지만 이런 표현들로 그 핵심을 짚을 수 있을까? 그것들이 과연 영원하고 신성한 실체로 느끼게 되는 그 모든 예언자적 의식의 즉각적인 확신을 설명할 수 있는가? 철의 이마로 저항, 유혹, 불가능성이라는 세계에 맞서는 저 위임 받은 소명자들의 강철같은 확신은 도대체 어디로부터 오는 것인가? 모든 것이 무너진 순간, 모든 것이 날아가버린 것처럼 보이는 순간, 심지어 제자들이 배신하고 부인하는 순간에도, 겟세마네에서의 피땀 흘리는 사투 가운데서도 흔들릴 수 없는 그 확신은 무엇이란 말인가? 순수하게 역사 실증적인 관점은 저러한 것들을 잘 설명해낼 수 있다. 그런 것들을 맹신하지 않는 사람의 생각은 이러하다. 우선 야훼가 실제로 스랍들의 호위를 받으며 육체로 현현한다거나 하늘이 갈라지고 비둘기 모양의 영이 임한다고 믿을 수는 없다. 오히려 저 모든 것은 설명하기 힘든 내적 경험의 객관화이며, 이미 알려져있던 개념들이 '그 환상'에서 어떤 역할을 감당했던 것이다. 하지만 이러한 내적 경험을 경험한 그 사람만의 비밀이자 또한 그 사람만의 현실로 인정할 수 있다. 예수는 자신의 사역을 시작하기 전, "성령에게 이끌리어 마귀에게 시험을 받으러 광야로" 갔다. 거기에는 '천하 만국과 그 영광'을 볼 수 있는 산도 없을 뿐더러, 공중을 날아 성전 꼭대기까지 가는 것은 상상할 수도 없다. 그러나 만약 예수가 자신의 부름에 맞는 사역을 시작하기 전에, 마음을 가다듬고, 기도하고 또한 금욕을 위해 사막의 고요한 곳으로 갔다고 한다면, 훨씬 납득이 간다. 바울과 엘리야도 똑같이 그렇게 했다. 그리고 거기서 그가 잘 알고 있던 정치적-대중적 메시아 이상과 최종적으로 싸워야만 했다. 그것은 예수의 영혼 앞에 나타나서 그가 마음에 품고 있던 영적이면서도 탈세속적인 이상을 공격했다. 지금 막 하나님을 신뢰하는 가운데 소명을 부여받은 그에게 단순한 방랑 설교자이자 사람을 낚는 어부의 길 대신에 광신도의 길, 민족의 영웅이나 신의 길을 시도하고자 하는 유혹이 찾아왔고, 그는 그것과 싸웠다. 당시 그의 자의식에 충분히 근접했으며, 또 이기기 쉽지 않은 그런 유혹이었다. 그러나 예수는 이겨냈다. 그런 이유로 빌립보서 2장에서 선재한 그리스도에 대하여 말하는 내용은 사실상 역사적 예수에게도 적용될 수 있다. 즉, 예수는 '강도의 길' 대신에 겸비의 길을 택했다.

그는 갈릴리 바다 연안에서 사역을 시작했다. 복음서 안에는 확실한 특색들이 있다. 예수는 회당에서, 친구들의 집에서, 식사 자리에서, 가능한 어떤 경우라도, 하늘 아래서, 야외에서, 때로는 돌아다니며, 때로는 어딘가 체류하며 설교했다. 특별히 그의 외침은, 그 안에서 각성된, 병자 치유라는 신비로운 선물을 통해 널리 퍼져 나갔다.

그것은 도대체 무엇이었을까? 이미 앞서 살핀 대로, 공관복음의 예수는, 요한복음이나 혹은 전통적인 관점에서 보여지는 것과 달리 결코 기적을 행하는 자가 아니다. 하지만 비판적으로 볼 때 아무런 논란의 여지도 없는 부분에서 조차도 그의 모습은, 바로 저 능력에서 볼 수 있듯, 비교 불가능한 무언가 독특한 테두리로 감싸인다. 이러한 치유 사역에 대한 이야기들은 도무지 전설로 날조될 수 없을 정도로 너무 어이없을 정도로 단순하고 확실하고 사실적으로 그려진다. 우리는 베드로의 장모의 치유(마가복음 1장 29~31절)나 중풍병자 치유(마가복음 2장 1~12절)에서는 거의 업무 보고에 준하는 글을 읽게 된다. 게다가 다른 많은 것들도 크게 다르지 않다. 예수는 가버나움의 백부장을 보고 이방인의 믿음에 대하여 깜짝 놀라고, 또한 가나안 여인의 경우 처음에는 신경을 날카롭게 세우다가 차차 마음을 다스리는 모습을 보여준다. 누구도 전설을 이렇게 쓰지 않는다. 게다가 우리는 아주 유사한 내용을 초기 기독교 공동체에서도 만난다. 복음서가 예수의 치유의 은사에 대해서 말하는 것에 대하여 이의를 제기하는 사람은 고린도, 갈라디아, 로마 등으로 바울이 보낸 편지에 나타난 보고들, 그리고 바울 자신에게서 동일한 일이 일어났다는 것에 대해서도 똑같이 이의 제기를 할 수 있을까? 여기서 그것들에 역사의 빛을 철저하게 비추어 역사적 증거를 찾아보자. 초기 기독교와 바울은 자신들 가운데, '카리스마' 혹은 '은사'에 대한 분명한 확신이 있었다. 바울은 고린도전서 12장 4~11절에 어떤 공식 은사 목록을 제공한다. 방언의 은사, 예언의 은사 (영 분별 = 투시의 은사?) 등. 그러나 뿐만 아니라 질병 치유, 어떤 물리력, 기타 비상식적인 영적 자질 등도 나열된다. 바울은 고린도전서 13장에서 모든 은사보다 더 고귀한 것이 있다고 말한다. 바로 기독교 신앙에는 믿음과 사랑과 소망이 있고 그것들 중 '제일은 사랑'이다. 그러나 그럼에도 불구하고 그에게 모든 은사는 실제로 존재한다. 바울은 스스로 은사를 지니고 있으며 자주 사용한다고 말한다. 모든 공동체 안에서 은사가 나타난다. 참으로 그와 같은 '은사들'이 초기 기독교를 넘어서서 오래 전부터 존재했다는 역사적인 확실한 증거도 있다. 유사한 현상이 비(非) 기독교 집단에서도 발견된다는 증거가 있다.[3] 궁금한 점은 과연 우리가 이러한 신비로운 은사의 정체를 파악할 수 있느냐 하는 것이다. 만약 우리가 '자연스러운 것들을 다룬다'는 개념에 부합하지 않기에 그것들을 아예 존재하지 않는 셈 친다면 우리는 완전히 비역사적인 관점으로 나아가게 된다는 것은 확실하다. 예수나 혹은 어떤 보기 드문 자들에게서 발견되는 이러한 능력들은 분명히 존재했으며 강렬한 인상을 남겼다. 그렇기에 복음서의 비판적으로 검토되고 확인된 이야기 자료에서 아무런 편견없이 그 내용을 읽을 수 있다. 사실 우리는 이 문제와 관련하여 이미 위대한 구약 선지자들의 특별한 소질과 '천부적인 재능'에 대하여

---

[3] 여기에는 빙의 내지는 귀신들림의 치유, 그리고 우울증, 정신병, 간질병 등의 치유도 포함된다.

이미 알고 있다.[4] 그들은 전지하지도, 전능하지도 않았으며 수백년 후에 일어날 일을 알아맞출 능력도 없었다. 그러나 많은 경우 그들은 특별한 감지 능력으로 임박하거나 곧 일어날 비범한 성격의 사건을 예측하거나 기대했다. 이 은사는 당시에도 '초자연적으로' 보이는 것은 아니었고, 어떤 사건의 모든 유추가능한 것으로부터 완전히 벗어나는, 옛 말 그대로의 '기적 같은 일'로도 보이지 않는다. 반대로 비범함이라는 건 투시, 천리안, '제2의 눈' 등으로 표현되는 어떤 특별한 예감 능력 등 같은 것이다. 아마도 우리에게 가장 수수께끼처럼 보이는 것은 예수의 치유의 은사일텐데, 그것은 '단지' 인간 본성에 잠자고 있는 어떤 능력의 증가일 것이다. 정신적 것이 물질적인 것에 미치는 영향을 살펴보자. 가장 먼저 그것은 우리의 몸을 움직이는 의지 능력에서 확인된다. 말하자면 기계적인 효과를 발휘하는 영적인 인과의 힘이다. 이는 분명히 절대적인 수수께끼로, 우리가 여기에 놀라지 않는 것은 이 일이 너무 익숙해서 일 것이다. 그런데 누가 이러한 능력과 그것의 증가를 '선험적으로' 말할 수 있을까? 누가 감히 그 자체로 완전히 집중되어 있으며 가장 높은 곳, 하나님 안에 있는 즉각적인 효력을 실행할 의지가 무엇인지 결정할 수 있을까? 예수의 기적과 관련하여 최근에 발견된 최면 요법이라거나, 텔레파시, 아니면 어떤 원격 작용(예컨대 동물자기動物磁氣)과의 평행 내지는 유사성이 지적되긴 한다. 하지만 냉정하게 생각해보자. 만약 예수의 업적이, 우리가 아는 것처럼(혹은 그 이상으로), 점진적으로 퍼졌다고 했을 때, 그의 모든 능력은 그의 사명에 대한 의식과 그 의지로부터 비롯했을 것이고 또한 그에게 있던 그 비범한 강렬함은 하나님 안에서의 쉼과 자기 근원을 찾는 그의 종교적-도덕적 의식으로 말미암았을 것이다. 물론 예수가 비범한

---

[4] 이에 관한 강의는 "Kirchlichen Gegenwart"에 1년간 기고 되었다.

일을 할 수 있었을 때, 즉시 이야기 속에서 확대되는 환상과 소문은 거기에 살
붙이기를 했을 것이고, 당연히 기적 이야기에 대한 편견도 있었을 것이므로 지
나치게 엄청난 일까지도 '신비로운 은사'로 치부하는 건 안 될 일이다. 나사로
의 경우처럼 죽은 사람을 되살리는 것, 물을 포도주로 바꾸는 것(둘 다 요한복음
에 기록되어 있다)은 상상의 영역이므로 역사적으로 받아들일 수 없다. 게다가 공
관복음에서도 그러한 오로지 상상으로만 가능한 것들을 넘치도록 찾을 수 있다.
예를 들면 바다 위를 걷는다거나, 수천 명의 사람을 단지 빵 다섯 조각과 생선
두 마리로 먹인다거나,[5] 가다라 이야기 등. 그와 같은 종류를 제외하면 공관복
음에 남는 것은 거의 병자 치유다. 물론 그 중에서도 깜짝 놀랄 만한 종류도 있
다. 바로 두 가지 소생 이야기다(하나는 야이로의 딸, 하나는 나인 성의 청년). 비평
연구는 그러한 것들을 **[역사적 사실로 받아들이기를]** 거부할 것이다. 하지만 최소
한 이 이야기들과 요한복음이 전해주는 나사로의 소생 이야기에는 본질적인 차
이점이 있음을 인정해야 한다. 야이로의 딸은 나사로처럼 3일 동안 무덤에 안
치되지 않았고, 의식을 잃은 지 얼마 되지 않은 상태였다. 완전한 죽음과, 생명
의 빛이 서서히 꺼져가는, 아마도 의식을 잃은 상태의 마지막 순간을 구별하는
경계는 어디일까? 예수는 정신착란으로 인해 흐려진 의식을 그의 의지로 일깨
울 수 있는, 또한 생명의 경계 속에서 사라져 가던 의식을 붙들 수 있는, 어쩌면
유기체 안에서 막 사라진 의식을 깨울 수 있는 어떤 힘을 가졌던 것일까? 예수
스스로가 그 소녀를 깨우기 위해 했던 말, 그 목소리로 낸 아람어가 여기에 보
존되어 있다. "탈리타 쿠미." 이 아람어는 그리스어 화자에 의해 다시 번역되었

---

[5] 나중에 열두 광주리 혹은 일곱 광주리나 남은 빵 조각을 모았다는 이러한 기이한
연출은 이것이 어떤 상태인지를 보여준다. 이런 식으로 우화나 전설은 더욱 놀랄만
한 것이 된다.

다. 여기에는 일반적으로 떠들썩한 극장 연극처럼 보여주기 위한 기적에 수반되는 요소들이 하나도 없다. 예수는 제자들 중에서도 가장 신뢰할 만한 이들과만 동행하고 있다. 그리고 먹을 것을 갖고 나아온 사람들에게는 사무적이면서도 실용적인 명령만 주고 있으며, 사건에 대해 계속해서 이야기하는 것을 직접적으로 금지한다. 이것은 나사로의 소생과 비교해야만 한다. 왜냐하면 거기서는 완전히 반대되는 말 그대로 진짜 극장 연극적인 기적을 보여주기 때문이다. 기적을 일으키는 자가 기적을 위해서 의도적으로 지각한다. 게다가 어떤 장엄한 행동을 사람들 앞에서 시연한다. 또한 주변인들에게 일종의 연설이라고 할 수 있는 기도가 수반된다. 이 행위는 반드시 "주변에 서 있는 사람들"이 목격할 수 있게 이루어져야 한다. 이는 분명히 문학적 기법을 통해 만들어진 기적 이야기다. 마가와는 완전히 다르다. 사려 깊은 비평은 판단을 보류할 것이다.

점차 군중은 이 새로운 예언자에게로 달려간다. 예수는 그들을 산 위로 혹은 호수가에 모아서 홀로 배를 타고 약간 떨어진 곳에서 있다. 듣는 무리들이 조금 더 친밀한 공동체를 형성하고 그 가장 중심에 제자들이 있고, 이는 점차 열두 명으로 확장된다. 과거 예언자들에게 예언자 학생들이 있었고 예수 시대의 랍비들에게 청중들이 있었던 것처럼 그의 주변에도 쉴 새 없이 사람들이 모였다. 그의 외침은 갈릴리 경계를 넘어 요르단 건너편 땅에까지, 이방의 주민, 시리아-페니키아(수로보니게)까지 닿았다. 점점 더 무리 많은 무리가 쇄도했다. 때로는 수천 명의 사람들이 그를 둘러쌌다. 그래서 그에게서 자신의 온 민족을 얻을 수 있다는 부푼 희망이 자라났다. 그래서 그는 자신의 설교가 온 민족에게 들리도록 자신의 제자들을 파송했다. 우리는 예수가 그 제자들에게 첫번째 '선교 여행'을 위해 내려준 지침을 들을 수 있다. 그리고 우리는, 그들이 다시 돌아와 어떻게 자신들의 승리를 보고 했으며, 또한 예수에게서 터져 나온 환희와 하늘에 계신 아버지께 돌려드린 감사가 어떠한 지를 보여주는 감동적인 장면을 갖고 있다. 이 모든 것은 복음서의 단순하고도 솔직한 보고서로, 우리에게 매우 분명하고 생생하게 묘사되어 마치 우리가 그 한 가운데 있다고 착각하게 만든다.

한편 예수의 영향력이 확대됨에 따라 반대와 적대감도 마찬가지로 시작되었고, 서서히 재앙도 준비되었다. 예수는 새롭고 이전에 없던 것들을 설교했다. 율법에 관하여, 안식일에 관하여, 금식에 관하여, 레위기에 있는 정결과 부정에 관하여, 의와 경건에 관하여, 지금까지의 모든 견해, 관습, 성결에 관한 규례 등에 관해 새롭게 말했다. 점점 더 그는 이제까지 존재했던 것들의 수호자들과 대표자들, 특히 서기관들과 바리새인들에게서 주목과 분노를 불러일으킨다. 동시에 민족의 무리들이 갖고 있던 그에 대한 열망도 식어갔다. 희망이 무너져갔다. 실망, 미지근함, 배신이 늘어간다. 그가 오래동안 영향을 미친 도시들, 소위 "그의" 도시라고 불리던 곳들도 무심해지고 원래대로 돌아갔다. 그는 고라신과 벳새다에 대한 자신의 비통함을 또 다시 외쳐야만 했다. 그는 네 종류의 땅에 관한 비유를 말했다. 열매 맺는 사람은 극히 소수일 뿐이다. 말씀의 씨앗은 많은 경우에 가시밭이나 돌밭에 떨어졌다. 이 기간 동안, 그리고 아마도 바로 이 일들로 인해 예수의 여정은 불안정해졌다. 예수는 가버나움과 호수를 떠나, 갈릴리 경계까지, 시리아-페니키아까지 갔다가 다시 돌아와 호수 주변을 맴돌았다. 고요한 가운데 위대한 결단이 일어난다. 예수는 하나님과 이 민족 사이의 어떤 문제를 위한 결단을 내려야만 한다. 모든 상황이 그를 그렇게 몰아가고 있다. 도처에서 그의 사역이 막히고 있다. 전진은 커녕 여기 저기서 퇴보하고 있다. 모든 착수한 일이 모래성처럼 무너질 것인가? 하나님의 사역이 패배할 것인가?

이 민족에게 가장 중요하고 결정적인 질문은, 하나님의 사자를 받아들일 것인지 반대할 것인지에 대한 것이다. 이러한 '이것이냐-저것이냐'의 문제는 오로지 예루살렘의, 민족의 중심지에서만 결정되어야 했다. 그래서 예루살렘에 올라가 엄숙한 시위로 스스로를 메시아로 선언하고, 예루살렘과 유다가 그를 받아들이거나 혹은 거절하길 결정하게 만들기로 결심했다. 믿을 수 없을 정도로 대담한 기획이었다. 비극적인 파멸이 일어날 것은 분명했다. 그는 적대자들의 증오심이 얼마나 깊었는지 잘 알고 있었고, 아마도 예수는 예루살렘을 '예언자를 살해하는 도시'(propheten-mörderische Stadt)로 여겼을 것이다. 예수는 예언자적인 감각으로 끝이 다가오는 것을 알았고, 자신의 제자들에게, 인자가 붙잡히고 이교도, 말하자면 로마의 권력자에게 넘겨져야 한다고 말했다. 이 깨달음은 그의 영혼을 무겁게 짓눌렀다. 그럼에도 그는 예루살렘으로 갔다. 이것은 그가 광신자라서가 아니다. 그것이 "그가 해야만 하는 일"이었기 때문이다. 그는 자신의 명확한 의무를 수행하고 있을 뿐이다. 만약 그의 몰락이 그토록 확실하고 분명했다면, 그는 그의 사역의 최후의, 가장 어려운 결과를 그릴 수 밖에 없었다. 참으로 그는 상황과 자신의 고귀한 소명의 요구대로 행동했다. 그는 놀랍도록 명확하고 분명하게 이를 인식했다. 베드로가 예수에게 잔소리하고 그를 붙잡으려 했다.

"주여 그리 마옵소서."

하지만 예수는 베드로를 매우 날카로운 말로 그를 꾸짖었다. 왜냐하면 예수는 베드로의 말에서 유혹자의 목소리를 들었기 때문이다. 광야에서와는 다른 유혹이지만 다를 바 없었다. 그래서 예수는 동일하게 답했다.

"사탄아 내 뒤로 물러 가라. 너는 나를 넘어지게 하는 자로다."

그는 자신의 메시아됨을 설명하기를 원했다. 예수의 메시아 사상에는 무언가 특별한 것이 있었다. 그는 어떤 의미에서는 이 민족의 '메시아'지만 다른 면에서는 아닐 수도 있었다. 만약 예언자의 희망을 성취했다면 그는 감히 스스로를 메시아라고 부를 수 있다. 그러나 예언자적 희망에 대한 본질적으로 상이한 두 가지 이해가 존재했다. 하나는, 이스라엘과 유다가 다시 세워져 하나님의 민족의 영광을 나타낸다는 정치적인 소망이었고, 다른 하나는 예레미야와 제2이사야[6]에 의해 표현된 것으로, 자신들의 하나님에 관한 지식이 이방인에게로 확장된다는 그들의 신앙의 증가와 발전으로 말미암는 종교적-도덕적 민족 갱신, 곧 '새 언약'에 관한 종교적-도덕적 이상이다. 두 개의 동인은 사실상 자주 함께 연결되곤 했지만, 본질적으로는 철저하게 상호 대립하는 것들이다. 예수는 전자의 의미로는 결코 메시아가 아니다. 그러나 예수는 예언자적 기대의 두 번째 동인이 펼쳐지자 자신이 '오실 그이'라는 것을 확신했고, 실제로 그러했다. 그가 가져온 새로운 경건, 그의 '하나님을 아버지로 믿는 믿음'(Gottvaterglaube)은 실제로 예레미야 및 제2이사야가 소망했던 '새 언약'의 보다 높은 수준의 성취였다. 예수의 새로운 의는 예레미야가 바랬던 마음에 새겨진 율법이었다. 예수는 자신의 고유한 선포를 통해서, 제2이사야의 참된 심화, 내면화, 성취를 재발견해야 했다. 그런 의미에서 그는 심리적인 필연성과 역사적인 권리와 더불어 스스로를 '오실 그이'로 확신해야 한다. 이런 의미에서 그는, 자신의 민족이 '이런 메시아'를 거부하거나 혹은 받아들이거나 결정해야 한다고 생각한 것이다. 물

---

[6] 이사야 44~66은 이사야의 것이 아닌 이름 모를 위대한 선지자(위 이사야 혹은 제2이사야)에게서 온 것이다.

론 어느 것을 선택하건 이 민족에게 그 결정은 엄청난 무게를 지닐 수 밖에 없는 것이었다. 이 메시아를 받아들인다는 말의 의미는 모든 야심찬 정치적 꿈과 소원을 포기하고, 모두가 갈망하는 그 나라의 설립을 전적으로 하나님께 맡기며, 예수 안에서 표현된 경건과 도덕의 이상에 맞게 스스로를 굽혀 변화시킨다는 것을 의미한다.

예수는 자신이 '메시아'라는 것을 자신의 부름을 통해 인식하고 있었다. 그가 들었던, '너는 나의 사랑하는 아들이다'라는 말은 곧 '너는 나의 기름부음 받은 자다'와 같은 의미다. '하나님의 아들'은 '메시아'에게 붙는 엄숙한 칭호였다. 그러나 지금까지 그는 자신을 그렇게 주장하지 않았고, 제자들에게도 그러한 마음을 털어놓지 않았다. 그래서 그는 제자들이 자신에 대한 확신이 커져가고 마침내 베드로에게서 신앙고백을 들었을 때 그는 예상치 못한 놀라움으로 기뻐했다.

"주는 그리스도시요, 살아계신 하나님의 아들이시니이다."

이 장면은 마태복음 16장 13절에 묘사되어 있다. 때는 그의 최종일이 다가오고 있을 때, 가이사랴 빌립보에서 멀지 않은 곳에서 산책하고 있을 때였다. 실로 예수가 베드로에게 설명하는 모습은 깜짝 놀랄만하다.

"이를 네게 알게 한 이는 혈육이 아니요 하늘에 계신 내 아버지시니라."

예수는 당시 자신의 제자들에게 자신이 메시아라는 것을 퍼트리지 못하도록 금했다. 그러나 이제는 아니다. 침묵의 시간은 지났고, 말해야 할 때가 왔다. 이미 예루살렘으로 가는 길에, 예수가 메시아이고 또한 메시아로서 예루살렘으로 가기를 원한다는 이야기가 많은 헌신적인 순례객들 사이에 퍼졌다. 하지만 예수는 예루살렘 앞에서 자신의 입성을 두고 메시아적 선포를 오해하지 않도록 분명히 밝힌다. 스가랴(9장 9절)은 메시아-왕을 이렇게 말한다.

"시온의 딸아 크게 기뻐할지어다 예루살렘의 딸아 즐거이 부를지어다 보라 네 왕이 네게 임하시나니 그는 공의로우시며 구원을 베푸시며 겸손하여서 나귀를 타시나니 나귀의 작은 것 곧 나귀 새끼니라."

예언서의 이 구절은 비유다. 오실 그이는 평화적이고 호전적이지 않은 본성을 나타내야만 한다. 예수는 그 구절을 자신에게 적용했으며 분명한 행위를 통해서 자신이 그 약속된 자가 되기를 원한다는 것을 밝혔다. 예수는 제자 두 명을 예루살렘 외곽의 동네 벳바게에서 그 예언자가 말한 탈 짐승을 가져오게 했다. 민족들이 그를 높이고 옷과 가지를 그의 길에 뿌리며 '메시아 환호성'을 질렀다.

"호산나, 찬송하리로다 주의 이름으로 오시는 이여!"

이렇게 예수는 예루살렘에 입성한다. 그 민족과 대적은 빠르게 이것이 무슨 일인지 알아차렸다. 누군가가 예수에게 질문을 공격적으로 던졌다.

"그들이 하는 말을 듣느냐?"

그는 예수가 메시아 환호성을 금지시키기를 바랬다. 그러나 예수는 이렇게 답했다.

"만일 이 사람들이 침묵하면 돌들이 소리 지르리라"

위기는 절정에 이르렀다. 이튿날, 새로운 메시아가 처음으로 자신의 주권을 행사하고 신성모독적인 자들이 들어와 더럽혀진 성전을 정화할 때 이 위기는 더욱 첨예화 되었다.

그래서 그러한 질문이 던져졌던 것이다. 현재 그에 대한 결정은 보류 중이며 민족들의 판단은 서로 갈렸을 것이다. 대적들도 아직 그를 공격하진 않았다. 성전 정화라는 엄청난 행동에 불구하고 어떤 처벌도 내려지진 않았다. 그러나 예수의 분명한 시선은 이러한 상황 앞에서 망상을 향하지 않았다. 예수는 사람들이 오늘은 호산나를 외치지만 내일이면 십자가에 자신을 못박으라고 외칠 것을, 자신의 대적이 결코 꺾이지 않는 적개심을 갖고 있다는 것을 잘 알았다. 실낱같은 희망이 압도적인 두려움과 싸워야만 했다. 겟세마네의 최후의 싸움에서 그는 떨며 이렇게 탄원했다.

"내 아버지여 만일 할 만 하시거든 이 잔을 내게서 지나가게 하옵소서."

하지만 자신이 이 가장 쓴 잔을 마셔야 함을, 하나님이 가장 사랑하는 자가 수치와 죽음의 길을 걸어 가는 것이 하나님의 헤아릴 수 없는 뜻이라는 사실이 예수 안에서 점점 더 명확해져 갔다. 이러한 깨달음은 갈릴리를 떠났을 때 그에게 찾아왔다. 예수는 길가는 도중에 여러 번 자신의 제자들에게 이 깨달음을 말했고, 베다니에서 한 여제자가 값비싼 나드를 그에게 부었을 때는 의미심장한 말을 남겼다.

"이 여자가 내 몸에 이 향유를 부은 것은 내 장례를 위하여 함이니라."

확실히 그의 마지막 밤이었다.

이 깨달음이 점점 더 그의 영혼을 사로잡을수록, 그에게는 두 가지 다른 종류의 생각이 동시에 자라나 그를 채웠다. **첫째**, 만약 하나님이 자신의 종을 수치와 죽음으로 내몬다면, 하나님은 결코 이 죽음을 냉담하게 보지 않으실 것이며 실로 그분의 계획도 그러할 것이다. 시편은 말한다.

"그의 경건한 자들의 죽음은 여호와께서 보시기에 귀중한 것이로다."

그렇다면 이 거룩한 자의 죽음은 얼마나 더 그러하겠는가! 하나님은, 자신과 자신을 믿는 자들 사이에 세운 자신의 종을 새 언약의 인장이자 증거가 되길 바라신다. 이전에도 예수는 이러한 사유를 이따금씩 표현하기도 했다. 지금, 이 밤에 예수가 넘겨질 것이다. 그는 마치 영감된 것처럼 이 생각에 사로잡혔고, 옛 언약의 유월절 식사의 모범에 따라 그는 자신의 공동체를 위한 새로운 유월절을 제정했다. 이는 곧 자신의 죽음을 기념하는 식사이다. **둘째**, 그는 이 전쟁에 말려들 것을 진작에 알았다. 일반적인 판단 뿐만 아니라 예수 시대의 유대적인 직관에 따라 그의 과업의 실패는 하나님의 정죄로 여겨졌을 수 있지만, 예수는 달랐다. 그의 믿음은 한 순간도 흔들리지 않았고, 오히려 새로운 힘으로 용감하게 뛰어들었다. 만약 하나님이 자신의 사자를 이 전쟁에서 패배하게 허락했다면, 그는 최종 승리로 나아갈 하나님의 새로운 수단을 볼 수 있어야만 한다. 다니엘서에 나오는 표현과 묘사가 그의 눈앞에 펼쳐졌다. 비록 확실한 패배에도 불구하고 하나님은 자신의 계획을 성취할 방법을 보여주는 듯했다. 다니엘은 영광스러운 최후의 왕국을 묘사하기 위해, 어떤 예언자적인 묘사로 하늘 구름을 타고 내려오는 한 사람에 대해 말한다. 예수는 담대한 믿음을 바로 그 표상으로부터 얻는다. 비록 지금 예수 자신은 패배하지만, 짧은 기간 내에 하나님이, 자신의 심판을 수행하고 자신의 왕국을 세우기 위해 그를 하늘 구름 위로

일으키실 것이다. 이는 믿기 힘든 대담한 믿음이자, 자신의 과업의 정당함과 가치에 대한 직접적이고 흔들리지 않는 확실성에 대한 근거이다! 비록 이 신앙이 외적인 형태로는 아니지만, 그보다 훨씬 더 위대하게 성취되었다. 예수는 하늘 구름을 타고 내려오진 않았으나, 그의 삶의 사역의 역사적 영향력을 생각할 때, 그는 그의 말씀, 그의 영으로 훨씬 더 위대하게 이 땅에 임했다. 아무도 예상치 못했지만 그의 죽음은 그의 복음을 해방시켜, 세계를 전복할 정도의 힘을 갖게 했다. 그의 과업이 사실상 하나님의 과업임이 명백해졌으며, 또한 그의 대적도 소멸했다. 동시에 그의 과업은 인류의 영원불멸한 유산, 곧 땅끝까지 소유할 수 있는 약속과 힘을 지니고 있음이 또한 입증되었다.

이제 재앙의 순간이 다가왔다. 아마도 예수가 여전히 많은 추종자 무리를 갖고 있었기 때문에 몇 주 정도 늦춰져야 했지만, 유다의 배신은 그것을 앞당겨버렸다. 예수는 신성모독죄로 산헤드린에 의해 정죄를 받았다. 유대 법에 의하면 그는 사형이었다. 그러나 유대인의 권한으로는 이를 집행 할 수 없었다. 그래서 그는 선동자라는 명목으로 로마의 총독(Prokurator) 앞으로 끌려갔으며, 유대인은 '메시아 칭호'에 대한 그의 주장을 그 구실로 삼았다. 본디오 빌라도는 '유대인의 메시아이자 왕'이라는 이 칭호가 고발하는 자들이 주장하는 것과 다른 의미를 지니고 있으며 예수는 단지 '미치광이'일 뿐 국가에 위협이 되는 존재가 아니라는 걸 쉽사리 파악했다. 그러나 그는 이미 유대 민족 감정을 여러 번 심각하게 자극했기 때문에 그들의 비위를 맞추어 줄 필요도 있었다. 그렇기에 예수는 '국가를 위협한 죄목'으로 십자가 처형이라는 형벌에 넘겨지게 되었다. 잡히던 때에서부터 골고다에 이르기까지 그의 고통에 대한 이야기는 여러 전설들에 영향을 받았다(겟세마네의 천사, 병사의 귀 치유, 찢어진 회막, 일식, 무덤이 열리는

일 등). 그러나 이 넝쿨들은 그 그림에서 쉽게 제거될 수 있다. 그러면 세계사라
는 예술가가 그린 가장 숭고한 그림만이 남는다. 거기에는 극적인 사건들과 명
백한 개별 묘사들로 가득 차서 예술적 묘사에 영감을 주지 않는 부분이 거의 없
다. 그리고 레싱(Lessing)이 말했듯이 그 안에는 교화를 불러일으킬 감동적인 것
들로 가득하며, 가슴과 양심을 끊임없이 예수에게로 향하게 만든다. 게다가 이
원천은 고갈되지 않는다.

사람들은 역사-비평적 견해에 따라 예수의 삶에 관하여 말할 수 있는 것을
골고다에서 끝내려는 경향이 있다. 그들은 이렇게 설명한다.

"예수의 시작과 마찬가지로 끝도 전설적이다. 골고다 이후에 보고되는 것들
은 더이상 역사가 아니다."

이 입장은 복음서들의 서로 다른 부활 보고의 명백한 모순들, 그리고 마가에
서 마태로, 마태에서 누가로, 누가에서 요한으로 이어지는, 가시적으로 확인 가
능한 전설의 성장과 단계적인 발전을 통해서도 지지 받는다. 그러나 여기에는
출생 전설과는 본질적으로 다른 점들이 있다. 우선 가장 오랜 보고에는 부활 내
용에 대한 흔적이 전혀 없다. 그 역사성은 바울과 복음서 그 자체에 의해서도
배제된다. 그 안에 쓰인 표상들은 후대의 산물로 드러났다. 그러나 예수가 죽음
으로부터 살아났다는 확신은 정 반대다. 그래서 이렇게 말해도 거의 문제가 없
다. 역사상 부활만큼 더 확실하게 증명될 수 있는 것은 없다. 물론 여기서 말하
는 부활이란 그리스도의 부활에 대한 초기 공동체의 견고한 확신을 말한다. 복
음서들의 보고들 그 자체에, 심지어 마가복음의 보고에도 전설적인 요소가 있
는 건 사실이다. 그러나 우리는 10년 혹은 수십년은 더 오래된 한 보고, 모든 복

음서들보다 오래된 보고, 비판적으로도 아무 문제가 없는 그러한 보고를 갖고 있으며 그것은 명백하게 예수의 '현현들'을 기록적으로 열거한다. 고린도에서는 '부활'의 사실성을 두고 논쟁이 발생했다. 그것을 해결하기 위해 바울은 그리스도의 현현을 하나씩 열거하고, 목격자들을 나열하고, 그가 개인적으로 알고 또 아직도 살아있는 주요한 인물들도 이름을 말하며, 또한 공개적으로 신중하게 고려된 순서와 완결성을 제공한다.[7] 그리고 마지막으로 그는 자기 자신과 다마스커스의 경험을 언급한다. 이런 것들은 복음서의 보고들에 있는 것과 비교할 때 본질적으로 다르고 훨씬 간결하고 또한 냉정하게 보인다. 여기에는 장황한 내용들, 천사들이라거나 그에 수반되는 현상들도 없고, '무덤이 열린다'는 식의 호소의 흔적도 없고, 시체가 물질적으로 살아난다는 얘기도 없고, 만져질 수 있다거나 살아난 자가 신체의 활력을 되찾았다는 증거로 무언가를 먹는다던가 하는 것도 없다. 오히려 바울은 모든 '현현들'이 자신에게 일어난 것과 동일하다고 생각하는 듯하다. 말하자면 [살아나신 그리스도를] '보았다'는 말은 내면의 체험이자 살아있는 그리스도에 대한 자각이다.[8] 이는 절대적인 확신을 수반한다. 이 확신이 바로 바울의 모든 사역, 그의 사도됨, 그의 전적인 영적인 실존의 견고한 근거다. 이것은 의심할 여지없이 첫 공동체의 만장일치된 공통된 확신이었으며, 참으로 그 공동체가 발생하고 존속하게 만드는 창조적 힘이었다. 이러한 확신이 없었다면 예수의 제자 집단은 산산조각 나고 사라졌을 것이다. 이것을 통해 저들은 영웅, 사도, 순교자가 되어 교회를 만들어냈다. 어쨌거나 역

---

[7] 고린도전서 15장 5절 이하

[8] 만약 우리가 평소와는 다른 방식으로, 직접적이고 명백하게 의지에서 의지로, 영혼에서 영혼으로 향하는 활동과 변화에 대하여 지금까지 알던 것보다 훨씬 더 많이 그리고 명확하게 알게 된다면 이 경험을 아마 더 잘 시각화해 낼 수 있을지도 모르겠다.

사 비평은 이러한 확신의 정체를 확인할 수 있어야 한다. 그 이상도, 그 이하도 아니다.

이 확신은 자기기만이었을까? 그게 아니라면 모든 전설적이고 감각적인 장식들에도 불구하고 최종 근거는 어떤 실제적인 경험에 있는 것은 아닐까? 역사 비평은 이것에 대해 판단하지 않는다. 역사 비평은 죽음 너머 혹은 이후의 삶에 대하여 아무것도 말할 것이 없다. 또한 마찬가지로 그러한 것에 대하여 반대하여 말할 수 있는 것도 없다. 이 질문은, 세계관이나 형이상학이나 혹은 개인의 신념과 같은 전혀 다른 법정에서 다루어 져야 한다. 이것은 특수성을 지닌 것이지만, 동시에 가장 보편적인 질문의 가장 중요한 것이기도 하다. 인격, 특별히 성숙한 인격도 다른 모든 것들과 마찬가지로 사라져버릴 동일한 조건 하에 놓여있을 뿐인가? 아니면 그것은 영원하며, 죽음은 현존재를 고양시키기 위한 해결책인가? 만약 후자라면, 그 어떤 비판이나 역사 연구라 할지라도 죽음에서 다시 살아난 주님을 경험했다는 그런 제자들의 확신에 반대할 수 없다. 한편으로, 영적인 힘과 도덕적 의지 안에서 하나님과의 충만한 교제 가운데 예수가 나타났으며, 또한 이러저러한 일들이 허무를 극복한 것으로 경험되었다는 사실은, 영은 육체의 소멸에 속하지 않는다는 모든 확신의 초석이 될 것이다. 하지만 여기서 이 문제를 다루진 않겠다. 그것은 전적으로 이상적이면서도 종교적인 세계관의 권리이자 필연성에 따른 질문을 포괄적으로 다루는 방식이기 때문이다.

III부 예수의 사역 – 스케치

예수가 원한 것은 무엇이었나? 그는 무엇을 가져왔는가? 이것을 파악하기 위해 모든 교리적, 전통적 도식은 제쳐두고, 현 조사에서는 순전한 역사적 방식을 따라가야 한다.

예수의 사역의 시작과 끝은 다가오는 그 나라에 대한 선포라는 요한의 사역과 정확히 일치한다. 그것은 종교적인 것에 대한 새로운 '가르침'이나 보편적이거나 혹은 보편타당한 것이라거나 혹은 일반적인 이성 종교나 전 인류의 종교(Menschheitsreligion)가 아니라, 오히려 인간에게 당연한, 시공간적으로 제한적인 것이다. 그것은 전적으로 역사적 전제에서 출현한 표상으로, 그 시대의 배경에서만 이해할 수 있으며, 따라서 특정 상황에 연결되어 있다. 말하자면 결코 그 것은 영원한 복음이 아닌 종교사에서 단일하게 형성된 것으로 그 자란 환경이

사라지면 그와 함께 소멸한다. 예수에게도 철저하게 오랫동안 고대하던 만물의 전환이 임박했다는 그의 동시대의 신앙이 생생하게 살아있었다. 하나님은 하늘을 찢고, 천지를 진동시킨다. 옛 것은 지나갈 것이다. 모든 것은 완전히 달라지고 새로워 질 것이며 하나님 나라가 이 땅에 임할 것이다. 그렇다면 궁극적으로 불안과 불만은 그치게 될 것이다. 시편의 시대부터 의인과 하나님을 경외하는 자들은 외부에서 들어온 압박하는 자들, 이방인과 그들의 왕들, 그리고 내부적으로는 교만한 자들, 권력자들, 거만한 부자들 등과 같은 경건의 원수들에 대항하여 불만, 저주, 탄원을 부르짖었다. 그러나 하나님은 이제 모든 눈물을 닦아 주실 것이며 더이상 비명도 고통도 없을 것이다. 이 나라가 영광으로 온전히 임할 때, 마침내 입에는 웃음이, 혀에는 찬양이 가득할 것이다. 이 기쁜 소식은 '복음'(Evangelium)이라 불렸고 무엇보다 문자 그대로 '예수의 복음'이었다. 그리고 '복음을 믿으라'는 말의 의미는 '위로의 나라가 나타날 것을 믿으라'는 말과 같았다. 구원은 바로 이 나라의 도래다. 구원과 복을 받게 하는 것은 바로 이 나라를 소개하는 것이다. 경건하고 온유한 자들이 이 나라를 바라는 그 모습은 민족주의적 이념과는 전혀 다른 분위기였다. 민족주의적인 이상은 철저히 '세속적,' 정치적인 것이었고, 하나님도 다름 아닌 이스라엘의 하나님이었다. 이스라엘은 피로 맺어진, 경험으로 형성된 민족이었으며 그들의 구원은 정치적인 것일 수밖에 없었다. 하지만 작금의 이상은 철저하게 종교적이었다. 외부적으로는 이교도에 의해 하나님에 대한 신앙과 경건이 패배했으며 내부적으로는 하나님을 상실했다는 것은 진정으로 괴로운 경험이었다. 그러므로 구원에 가장 중요한 것은 하나님에 대한 자유롭고 당당한 믿음과 신뢰였다. 그렇기에 여기서 바라는 '왕국'은 결코 추상적이거나 어떤 행복한 내면 상태라거나 오늘날 우리가 종종 사용하는 의미의 '천국'이 아니라, 오히려 철저히 현실속, 인간적, 지상적인 것의 이상적인 상태로 모든 외적인 복으로 가득 찬, 황금의 예루살렘 도시, 경건한 자의 지배였다. 예수는 사람들이 자의 시대에 맞는 유토피아를 공유하듯 예수도 이러한 직관들을 공유했다. 예수는 하나님 나라에서 먹고 마시는 것을, 예수의 제자들은 열두 보좌에 앉아 예수와 함께 열두 민족을 다스리는 것을 마음에 품었다. 그렇기에 처음에 예수는 세례 요한과 형식적으로는 차이가 없었다. 오히려 예수는 세례 요한처럼 유대인의 회개 설교자로서 '유토피아'를 보여주는 것과 동일한 소명을 갖고 있는 것처럼 보인다.

그러나 곧바로 두 가지를 떠올려야 한다.

첫째, 앞서 요한의 하나님 나라 선포에 관하여 이야기 한 것은 예수의 선포에 더욱 강화된 기준으로 적용된다. 예수의 선포를 그의 시대에 보존된 상상 및 '종말론적인' 사색과 비교해본다면, 그것들이 예수의 선포와 얼마나 멀리 떨어져 있는지 알 수 있다. 전자와 비교해 볼 때, 예수의 모든 종말론적인 암시들은 놀라울 정도로 빈약하고, 금욕적이며, 단순하다. 당시의 모든 책은 종말을 상상했다. 예수만의 고유한 특징을 모으기란 수고스러울 뿐만 아니라 그조차도 서로 거의 일치하지 않는다. 그렇기에 예수도 어떤 부분에서 보면 그 나라에서 먹고 마시는 것, 지상의 조건에서 세워지는 것 등을 마음에 품고, 또 다른 부분을 살피면 이렇게 말하기도 한다. "[그들은] 하늘에 있는 천사들과 같으니라." 그는 그 나라의 도래가 언제 어떻게 임할지 계산하지 않았다(만약 그러했다면 정신이 나갈 정도로 계산했을 것이다). 예수는 그 나라가 나타날 날과 시를 알지 못했다. 그는 새로운 나라의 내용이나 조건들에 대해 거의 아무것도 말하지 않았다. 이 모든 것은 그에게 아무런 관심사가 아니었다. 오히려 그의 모든 관심사는 오로지 그 나라의 도래에만 쏠려 있었다. 그의 머릿속은 "그 나라가 오고 있으니 준

51

비하라"로 가득 차 있었다. 이는 전반적으로 세례 요한의 경우에도 마찬가지였다. 그 나라와 그 나라의 도래에 관한 그의 설교는 목회적이었고, 자기 내면을 향했다가 하나님께로 향하게 만들었고, 경건과 도덕을 촉구했다. 이러한 자기성찰, 경건, 의는 처음에는 다른 목적을 위한 수단, 즉 그 나라의 도래를 위한 전제조건으로 여겨졌다. 그러나 그것들이 실천되는 가운데 곧 독립적인 가치를 얻게 되었으며 강조와 관심도 그것들로 쏠리게 되었다. 요한이 시작했던 것이 예수와 더불어 철저히 진행된다. 여기서 처음에는 다른 목적을 위한 전제조건으로 여겨졌던 것이 독립적인 지위로 완전히 드러난다. 오롯한 종교적-도덕적 설교, 경건과 의를 세우는 일, 영혼 돌봄 그 자체가 예수의 삶의 본질적인 소명이자 내용이 되었다. 그리고 관계가 역전된다. 즉, 이전의 강조점들이 이제는 틀이 되고, 이전의 잠정적인 것이 이제는 사태의 본질이 된다. 만약 예수의 그 왕국 선포의 틀을 제거한다면, 보편타당한 많은 내용을 얻게 될 것이다. 또 그 외 많은 것이 이 왕국 선포와 매우 밀접하게 연결되어 있지만, 겉포장을 벗겨낸다 하더라도 그것이 덮고 있는 내용물에 손상을 주진 않을 것이다. 왕국 선포 가운데 예수는 참으로 위대한 영혼을 돌보는 자이자, 그의 민족과 공동체의 목자가 되었다. 그는 영적인 삶, 곧 절대적으로 고유한 가치를 지닌 내면성의 씨앗을 심어놓았다.

둘째, 참으로 더욱 주목해야 할 것은 바로 절대적으로 고유한 가치를 지닌 내면성이다. 종교적-도덕적 설교는 '왕국 선포'와는 대조적으로 더 넓고, 그 맥락으로부터 훨씬 자유롭고 강조점을 얻었을 뿐만 아니라, 동시에 그의 이러한 설교는 그의 전임자들이 하던 것과는 전적으로 다르고, 비교할 수 없을 정도로 고상하다. 이 설교는 심성과 이상을 심어주고, 세례 요한은 알지 못했던 경건성

과 도덕성을 만들어낸다. 예수는 이 설교를 통해 자신의 모든 전임자를 넘어선
다. 물론 예수는 '그 나라가 가까이' 왔으므로 회개해야 한다는 직관을 그의 전
임자들을 포함한 다른 많은 사람과 공유했다. 그것은 그가 만들어냈다거나 그
만의 고유한 것이 전혀 아니라 오히려 그의 시대가 그에게 허락한 과거의 유산
이었다. 이 직관을 갖고 있던 그는 분명히 1세기 경건한 유대인 중 한 명에 불
과했다. 그러나 그가 깨달은 새로운 경건, 그가 촉구했던 새로운 의를 통해 예
수는 세상을 비추는 빛이 되었다.

　예수는 '하나님의 뜻대로 행할 것'을 촉구했다. 그 자체는 이전에도 있던 당
연한 요구였다. 그러나 그때까지 '하나님의 뜻'이란 무엇이었나? 그것은 율법,
즉 '토라'였다. 그것은 다양한 내용을 담고 있었다. 온갖 종류의 사회법, 형법,
종교 의식, 희생제사 규율, 제단, 성전 봉사, 예식과 규례, 특히 '정결'에 관한 법,
말하자면 의식에 따른 레위기 정결법과 또한 온갖 종류의 음식법, 접촉, 부정,
씻기, 속죄 방법 등이 거기에 포함되어 있었다. 게다가 이 안에는 참으로 순전
히 종교적-도덕적 종류의 계명들, 그러니까 외적인 것이 아닌 양심에 관한 것
들도 포함되어 있었다. 예를 들어 '십계명'이라거나 "너는 네 형제를…네 자신
과 같이 사랑하라" 등과 같은 요구가 그러한 것이다. 그러나 이것들이 종교 의
식이나 예식 규정들과 동일시 됨에 따라 그 가치를 잃게 되었다. 말하자면 형제
를 사랑하라는 것이나 기타 어떤 규례들을 지키는 것이 똑같아졌다. 더 나쁜 것
은, 종교 의식 의무와 도덕 의무과 나란히 있는 경우 종교 의무가 우위를 차지
하는 것이다. 사람들은 불안해하면서 이웃에 대한 의무보다 희생 제사에 대한
의무를 정확하게 지키려고 노력하며, 마음의 정결보다 의식적인 정결을 애쓴다.
예수의 첫 번째 행위는 이러한 도덕적인 것들의 해방이다. 그는 도덕을 종교 의

식, 예식, 법률과의 위험한 연결과 동일시를 해체한다. 그는 자신의 고유한 존엄성 가운데 그것을 알아차리고 자신을 위해 그것을 세웠다. 예수에게 '하나님의 뜻'이란 순수하고 혼합되지 않은 도덕으로서의 양심의 요구 외에 다름이 아니었다. 예수는 처음부터 종교 의식이나 예식에 대하여 논쟁적인 자세를 취하지 않았다. 그는 그런 것들의 준수를 금지하지 않았으며, 도리어 철저하게 스스로는 그것을 지켰다. 그러나 예수는 안식일 준수에 대한 질의응답 가운데 인간의 본연의 의무보다 희생제사의 의무를 더 중요하게 여기는 모든 사람을 비판하며 자기의 의견을 분명하게 진술했다. 안식일은 사람을 위한 것이지 안식일이 사람을 위한 것이 아니다. 한편 레위인의 정결과 관한 질문, 그리고 강박적인 준수 사항들, 손 씻기, 그릇 씻기 등에 대해서는 이렇게 말했다.

"입으로 들어가는 것이 사람을 더럽게 하는 것이 아니라 입에서 나오는 그것 **[말과 행동]**이 사람을 더럽게 하는 것이니라"

하나님 사랑과 이웃 사랑을 두고 가장 명쾌한 말로 이렇게 또한 표현했다.

"이 두 계명이 온 율법과 선지자의 강령이니라"

예수는 모든 것을 낯설게 함으로써 관습이나 법률의 문제에서 해방시키거나 혹은 직접적으로 거부했고, 무엇이 '하나님의 뜻'인지 아닌지는 양심의 문제임을 보여주었고, 또한 처음으로 도덕적 자의식을 자신의 정결과 연결시켰다. 그에게 재앙을 가져온 것은 다름아닌 바로 이러한 특별한 활동이었다. 전통을 추종하는 사람들에게 예수가 한 일은 충격적이고도 위험한 혁신이었다. 하지만 그것들도 정작 예수의 가장 심오한 사역과 그것의 본질적인 의미 주변에 머문

것이었다. 훨씬 더 고상한 것을 기준으로 한 소위 '구약'과 '신약' 사이에, 예수와 그의 전임자들 사이에 넓은 틈이 있으며, [그를 통해] 비로소 종교의 새로운 단계에 도달하게 된다. 예수 스스로가 이를 잘 알았기에, 그는 여자가 낳은 자 중에 요한보다 더 큰 사람이 없다고 했지만 동시에 천국에서는 아무리 작은 자라도 그보다 크다고 말했다.

　이 새롭고 숭고한 것은 무엇인가? 이것은 놀라울 정도로 단순하고, 많은 말이 필요 없는 위대한 것이다. 이것은 어떤 새로운 '신론'도 아니고, 심오하거나 포괄적인 신학도 아니고, 세계와 신의 관계에 대한 새로운 이론적 표상도 아니고, 존재자가 실존하여 운동할 수 있게 하는 궁극적인 근거도 아니고, 영원과 시간이나, 현세와 내세에 관한 것도 아니다. 정반대다. 이 모든 관계 속에서, 예수는 단순하고 신인동형론적인 표상들, 지금까지 이어져온 순진한 유대의 유신론을 소중히 여긴다(유대교의 유신론에 의하면 하나님은 하늘에 계신 왕이고, 하늘에 좌정하고 있으며 거기서 내려다보며 전능한 능력으로 세상을 다스리고 있다). 예수는 새로운 신학이 아니라 새로운 경건을 가져왔다. 그는 영원에 대한 새로운 이론적 지식이 아니라 그것에 대한 새로운 실천적 태도 및 그것과 일치한 삶을 가져왔다. 예수가 처음으로 참된 경건을 가져왔다고 해도 과언이 아니다. 유대교에도 하나님은 충분히 알려져 있었지만, 정작 그들이 소유한건 하나님이 아닌 하나님의 율법 뿐이었다. 하나님은 율법의 주로서만 존중을 받았을 뿐 그분과의 생생한 관계가 유대교에는 없었고, 그분과 더불어 소유하고 그분과 더불어 행동한다는 그러한 느낌이나 정서도 없었다. 그러나 바로 그것이 예수를 통해서 도입되어 활성화 되었다. 예수에게 있어서 '경건하게 된다'는 말은 더이상 율법의 수호자이자 집행자로부터 율법에 따른 어떤 상이나 벌을 기대하는 것과 관계

없게 되었다. 그 모든 것은 중요하지 않게 되었다. 경건하다는 말은, 하나님과 그분의 현존을 모든 시간 가운데 생생한 느낌으로 경험하는 것, 말하자면 전 생애가 그분과의 친밀감 안에서 인도되는 것이다. 이러한 감정은 지금까지처럼, 구약에서처럼 혹은 기타 모든 이방 종교에서처럼 초자연적인 것에 굽혀서 덜덜 떠는 그러한 공포가 아니다. 여기서 주어진 것은 모든 세계와 피조물 위에 있어 말할 수 없는 신비에 휩싸여 있으며 그 이름마저도 거룩한 존재에 대한 가장 깊은 경외와 겸손일 것이다. 동시에 그것은 자유롭게 하며, 내면을 해방시키며, 모든 속박을 사라지게 만드는 영원한 사랑에 대한 어린아이 같은 신뢰, 곧 모든 실존, 모든 개별자와 가장 작은 것 까지 하나 하나 그분의 영원한 돌봄과 섭리로 이해하는 신뢰, 또한 환란과 온갖 변화를 겪으면서도 흔들리지 않는 신뢰이기도 하다. 겟세마네에서 보여준 바로 그 어린아이 같은 신뢰의 기도를 들어보자.

"나의 원대로 마시옵고 아버지의 원대로 하옵소서"

이것은 세상의 환란과 어두운 면과 수수께끼 같은 면을 보지 않는 얄팍한 낙관주의가 아니다. 예수는 오히려 그것을 직시하고 그 아래에서 고통을 받았다. 이것은 반대, 이해 불능, 심지어 십자가에도 불구하고 영원한 사랑을 존재의 궁극적 의미와 의도로 믿는, 대담하고 단호한 이상주의다. 이와 같은 '아버지를 부르는 신앙'(Vater-Glauben)에는 얕은 맹신이나 유치한 집착도 없다. 여기서 하나님은 무엇보다 거룩한 분, 도덕법의 대표이자 총체로서 우리에게 엄격하고 진지하게 의무를 부과하는 분이다. 이러한 하나님을 '아버지'로 부르는 것은, 온전한 헌신과 도덕적 세계 질서에 자신을 아낌없이 내어주는 것을 의미한다.

"하늘에 계신 너희 아버지의 온전하심과 같이 너희도 온전하라"

이 새로운 경건은 많은 금언이나 비유를 통해 우리를 비춘다. 하나님에 대한 새로운 이름 안에서 이 모든 것이 가장 명료하게 요약되어 있다. '아버지'라는 말은 곧 예수의 제자들이 '하나님의 자녀'라는 말이다. 따라서 주기도문이 그들의 신앙고백이 된다. 예수의 이러한 새로운 종교는 성찰이나 사유 작업, 또는 사색이나 철학적 노력으로 재구성되어 선포된 것이 아니다. 이 종교는 그의 종교적-천부적인 개인의 가장 깊은 곳, 비밀한 곳으로부터 터져 나온 것이다. 이 깊음(Tiefe)과 비밀(Geheimnis)은 그 어떤 심리적인 해부나, 인위적인 역사적인 도출로는 알 수 없는 영역이다. 예수는 이 종교를 어떤 새롭고 놀라운 것이 아니라 당연한 것처럼 갖고 있으며, 또한 베푼다. 이 종교가 다른 사람에게도 주어지도록, 그것은 그의 고유한 감정으로부터 자유로이 그리고 쉽게 나타난다. 분명 이 종교는 이전에 없던 완전히 새로운 것이었다. 전적으로 그것은 예수의 고유한 재산이었다. 예수는 하나님을 그와 같이 경험했기에, 또한 그가 아들이고 하나님이 그에게 아버지였기 때문에, 그의 풍성함을 나눈 자들도 그렇게 될 수 있었다. 예수는 그렇게 자신을 인식했다. 그리고 그의 삶의 절정은 바로 이러한 깨달음을 큰 기쁨으로 드러내었을 때다.

"아버지 외에는 아들을 아는 자가 없고 아들과 또 아들의 소원대로 계시를 받는 자 외에는 아버지를 아는 자가 없느니라"

이것이 바로 예수의 설교였다. 다른 구원을 위한 무언가를 준비하라는 설교가 아니라, 이러한 경건 그 자체가 최고의 구원이었다. 어디론가 가야만 한다는 생각, 모든 노예적인 두려움, 모든 속박과 불안, 모든 억압하는 걱정은 사라진다. 마음은 자유를 얻는다. 경험과 소유의 대상으로서의 영원한 세계가 삶의 한 가운데로 들어옴으로써 모든 것을 관통한 그 빛과 따스함이 전해진다. 이 종교를 통해 삶은 완전히 다른 단계, 새로운 높은 곳으로 도약한다. 인간은 영원의 가치와 느낌을 이 종교 안에서 얻는다. 그러나 이 경건은 다른 형태의 경건이 그러하듯 특별한 재능이 있는 소수의 위대한 자들을 위한 것이 아니다. 오히려 살아계신 하나님을 신뢰하는 모든 자에게 이 경건은 가능하다. 그러나 이러한 높은 곳에서 다시 돌아오기 위해 '새로운 의'에 대한 예수의 이상은 완전히 그리고 폭넓게 자라난다. 우리가 살폈듯, 예수는 도덕을 잘못된 얽힘과 혼합에서 해방시켰다. 그리고 거기에 추가하여 예수는 도덕을 무한히 깊게 만들고, 자신의 올바른 기준에 두며, 또한 거기에 새로운 내용을 더했다. 예수 안에서 종교와 도덕의 결합은 필연적인 것이면서 동시에 유일하게 그 결합이 허용된 경우이기도 하다. 영혼에 영원한 세계가 나타났으며 생생한 감정 가운데 영혼에 의해 그것이 경험된다. 왜냐하면 영혼이 자신의 깊음 가운데서 도덕을 파악할 수 있을 정도로 깊어지고 넉넉히 준비되었기 때문이다. 또한 무엇보다 이제 영혼은 도덕 그 자체를 영원한 것, 절대적인 것, 모든 것을 통합시키는 것으로 파악할 준비가 되었다. 새로운 경건의 토대 위에 놓인 예수의 도덕적 감각과 판단력이 유대교나 그리스의 정신에서도 도달한 적 없는 그러한 활력과 응력을 얻는 것은 필연적이다. 선한 행위는 결코 사고 팔 수 없다. 그것은 모든 사람이 소유해야만 하는 것이며, 강인한 결단력을 갖고 그것을 이해하고 또한 실천해야 한다.

"만일 네 오른 눈이 너로 실족하게 하거든 빼어 내버리라"

밭에 감추인 보화 및 진주의 비유도 동일하게 '하나'를 얻기 위해 '모든 것'을 쏟아붓는다는 어조로 진행된다. 이는 엄숙주의(Rigorismus)가 아니며, 또한 사소한 일에 지나치게 집착하거나 별 것 아닌 것에 양심을 괴롭히라는 것이 아니다. 예수가 의로 세운 이상적인 그림에 그런 것은 없다. 오히려 예수가 그린 그림은 매우 관대하며, 단순하며, 지금까지 실행되어온 처절한 계산과 신경과민적인 행위들이나 자학적인 결의론이나 궤변 등에 반대한다. 예수는 모든 불안과 양심의 가책으로부터 멀리 떨어져 있으며, 철저하게 도덕률의 절대적인 구속에 스며 들어있어서 응축된 도덕적 활력과 결단력으로 또한 가득하다. 그가 각성하자마자 모든 죄와 죄의식을 정화하고 또한 심화시킨다. 예수의 설교의 어조는 단순히 '애처로운 마음' 같은 것이 아니다. 그런 것은 대다수의 경우, 진정한 죄의식을 모호하게 만들 뿐이다. 예수의 설교는 오히려 진짜 죄를 최고로 심각하게 만든다. 예수의 설교에서 죄는 단순한 실수나 잘못, 이성이 저지른 일 같은 것이 아니며, 상황과 성향으로 인해 초래된 불행도 아니고, 단순한 오점, 더럽혀짐도 아니고 미적 감각을 불쾌하게 만드는 어떤 추한 것과의 접촉도 아니다. 죄란 죄책감(Schuld)이다. 그것은 실로 가장 큰 해악이기도 하다. 그 이유는 그것이 어떤 다른 해악을 초래하기 때문이 아니라, 그 자체로 인간 본성의 가장 고귀한 품격을 폐지하고 무엇보다 하나님과의 유대 관계를 찢기 때문이다. 그리고 예수의 설교는 죄책감을 폐지하는 유일한 참된 길을 보여주었다. 그 길은 다름 아닌 외적인 것들, 예를 들면 온갖 종류의 처치들, 씻기라거나 봉헌이라거나 심지어 속죄 행위같은 것이 아니라, 오히려 바리새인과 세리의 비유, 탕자의 비유에서 보여준 마음의 근원으로부터 우러나오는 순수하고 깊은 회개이다. 더 나아가 예수는 의를 올바른 장소로 이끌었다. 의의 좌소는 행위나 말이 아니라 심성(Gesinnung)이며, 손이나 입이 아니라 마음이다. 참으로 세상에 '선의지'(ein guter Wille) 보다 이 세상에 더 좋은 것은 없다. 인간은 그 중심이 선해야 한다.

그렇지 않으면 말과 행동이 선할 수 없다. 그러나 만약 그렇지 않다면 그로부터 나오는 모든 외적인 것들은 헛된 것이며, 심지어 온갖 도덕적 훈련과 '선한 행실'도 무익하다. 중요한 것은 이상과 의지의 내적인 결합이다. 이 결합이 존재하는 곳에서야 비로소 자유롭고 강압 없는 도덕적 행위가 나타나고, 또한 그러한 것이야 말로 참되고 가치있다.

"좋은 나무가 나쁜 열매를 맺을 수 없고 못된 나무가 아름다운 열매를 맺을 수 없느니라."

이제 더이상 도덕적 행위들은 하나씩 고려되는 것이 아니다. 개별적으로 세거나 계산하는 것도, 무게나 크기를 측정하는 것도 많고 적음을 혹은 초과하는지 따질 수 없다. 사람은 자신의 의무를 다할 뿐이다. 이른 아침에 부름을 받은 사람이나 11시에 부름을 받은 사람이나 똑같이 자신의 의무를 다할 뿐이다. 그리고 하나님은 그들에게 똑같이 보상하신다. 또한 측정하거나 계산하거나 셀 수 없기 때문에 삯을 요구하기 위해 하나님께 계산서를 내밀 수도 없다.

"우리는 무익한 종이라 우리가 하여야 할 일을 한 것뿐이라."

가장 심오한 직관들과 깨달음들이 이미 오래 전 일반인의 의식으로 넘어갔으며 또한 모든 고귀하고 참된 도덕의 고전적인 기본 규칙이 된 지도 오래다. 또한 그것들은 온갖 종류의 인간과 또한 인간 본성에 대한 수많은 미묘한 관찰들과 더불어 잊혀지지 않을 정식들과 표현들 안에서 놀랍도록 풍성한 개별적인 특징을 지니고 널리 퍼져나갔다. 그것들은 도덕적 인격이 세계보다 더 무겁다는 깨달음 가운데서, 세계를 주도하는 인격이라는 가치의 발견으로 요약될 수 있다.

 "사람이 만일 온 천하를 얻고도 자기 목숨을 잃으면 무엇이 유익하리요."

 물론 이전까지의 그리스 철학도 물론 내면의 인간 문화와 영혼을 돌보는 것
이었다. 그러나 예수의 설교에서의 영혼 돌봄은 하나이자 모든 것이다. 그것이
곧 영혼 구원이 된다. 영적인 삶의 종교적-도덕적 내용에 대한 질문은, 삶의 다
른 모든 질문을 그 앞에서 사라지게 만드는 '삶과 죽음'에 대한 중심 질문이 된
다. 그리고 우리가 '인격' 및 '개별자'라고 부르는 것이 여기서 중요시 되어야 한
다. 그 새로운 경건 및 하나님의 자녀에 대한 근본 사유가 그것을 더욱 몰아붙
인다. 그리스의 도덕은 고상한 인간 본성 및 존엄성에 대한 도덕적 이상을 확립
했다. 하지만 사실상 그것은 '비인격적'이었다. 말하자면 사유, 이성, 논리 등이
인간을 참된 인간으로 만들어주는 것으로 간주되었다. 그러나 그것은 '인격'의
질료가 아니다. 인격에 관하여 우리가 가장 먼저 이야기 해야 하는 곳은 '성품'
(Charakter)이 주어져 있는 곳이다. 이 성품은 지식이나 지적 능력이 아닌 의지,
심성, 정서로 구성된다. 예수는 인간의 바로 이러한 측면을 추구하며 복음을 구
성했다. 믿음, 경외, 겸손, 사랑 등 추구되는 모든 것이 정서와 심성과 의지의 행
위이다. 성품의 근본 특성은 결코 지적인 종류가 아니라 철저하게 정서적인 종
류다. 한편으로, 그리스의 윤리와 관념은 보편적인 것, 전형적인 것, 이상적인
것을 추구할 뿐 개별적인 것, 개인적인 것을 추구하지 않는다. 이성과 합리성을
적용함으로써 마치 모든 인간이 하나고 똑같다는 식으로 여겼다. 그러나 복음
에서 중요한 것은 바로 한 사람 한 사람이다. 왜냐하면 인간은 다 똑같은 합리
적 본성을 지닌 존재가 아니라 사람마다 다르고, '개개인은' '하나님의 자녀', 곧
하나님의 사랑의 대상이기 때문이다.

예수가 선포한 '새로운 의'의 내용을 살펴보면, 그것은 일반적으로는 양심을 따르는 단순한 도덕으로, 부분적으로는 이미 구약의 예언자들의 설교에도 포함되어 있다. 하지만 예수가 처음으로 이것들을 순전한 이웃 사랑이라는 자신의 '최고의 계명'을 통해서 심화시켰다. 옛 언약도 "네 형제를…네 자신과 같이 사랑하라"고 말하지만 그것은 수많은 계명 중 하나에 불과했다. 그리스도는 이웃 사랑을 따로 빼내어 하나님에 대한 사랑과 나란히 최고의 위치에 두었고, 또한 그것을 자신을 따르는 자들에게 왕국의 근본 법칙으로, 또한 자신을 진지하게 따르는 자들을 위한 식별 표시로 삼게 했다. 구약에서 형제란 부족의 일원 혹은 동포였다. 그러나 예수는 선한 사마리아인의 비유를 말하며 미움받는 이방인과 신앙의 대적 뿐만 아니라 모든 사람을 사랑해야 할 이웃으로 만들었다. 그러한 사랑을 입증하는 가장 높은 수준의 방식이 바로 원수 사랑이다. 이것은 줏대 없는 비겁한 관용도 아니며 상처나 불의에 대한 둔감함과 무관심이 아니다. 만약 그랬다면 예수 자신이 원수 사랑의 가장 형편없는 본이 되었을 것이다. 오히려 이것은 우리를 미워하는 원수라도 이웃처럼 사랑할 수 있고, 우리를 박해하는 자를 위해 기도할 수 있고, 우리를 저주하는 자를 축복할 수 있는 강인한 미덕이다. 원수 사랑과 더불어, 조건이나 갚음을 바라지 않는 자비, 일흔 번씩 일곱 번 용서하기, 선으로 악을 이기기, 잃은 자에 대한 사랑 등, 이 다섯 가지는 예수가 요구한 이웃 사랑에 대한 시험이다. 만약 이런 것들을 무관심한 방종이나 단순히 '친절'의 여러 모양들 정도로 해석한다면, 그것들을 전적으로 오해한 것이다. 오로지 예수의 복음의 전체적인 목소리의 정서적이면서도 교감하는 전경에서 이러한 다섯 가지의 요청을 생각해야 한다. 만약 그것들이 도덕적 의지의 가장 높은 긴장감과 성취가 아니라면, 그것들은 모조리 변질될 뿐이다. 예수 자신이나 혹은 그의 진짜 제자들, 바울이나 어거스틴이나 루터 등과 같은 사람들이 과연 단순히 '친절한가' 따져보면 대번에 알 수 있다. '새로운 의'의 도덕적 이상은 또한 마음의 청결, 순결, 맹세가 필요 없는 진실성 등과 같이 잘 알려진 요구로 인해 채워지며, 모든 상황이나 문장으로 채우기는 어렵지만 그것만의 진심 전체를 전달하는 그러한 특별한 분위기의 화환을 또한 갖고 있다. 예를 들면 하나님에 대해서는 절대적으로 겸손하지만 사람에게는 전혀 그렇지 않은 분위기 같은 것이 있다. 그리고 이방인이 저지르는 근본적인 잘못이라 할 수 있는 '염려'에 대한 금지와 더불어 밝고 즐거운 삶에 대한 이해는 세례 요한이나 달콤한 삶을 멀리하려는 어떤 태도와는 극명한 대조를 이룬다. 모든 것을 아우르고 관통할 수 있는 경건은 결코 어디에서도 신비주의적인 비밀한 것이나 특수한 것으로 바뀌지 않는다. 한편, '어린아이처럼 되라'는 명령은 매우 특별하다. 예수와 그의 목적을 이 명령만큼이나 특별하게 만들어주는 것도 없을 것이다. 이 명령은 예수 시대의 온갖 종교, 기술, 인위적인 것들과 기발한 것들, 그러한 것들의 존재와 그러한 것들을 수용하는 것에 대한 그의 반대를 나타내며, 또한 믿음, 행위, 삶의 방식 등 모든 것에서 순진함, 단순함, 즉각성, 두 마음으로 나뉘지 않는 것들을 나타내기도 한다. 그것은 도덕적 영역에서 예술적인 '천재'와 상응하는 상태이며, 강제와 정언 명령은 이미 극복된 상태이며, 자유로운 흐름 가운데서 신앙과 도덕적 행위가 솟아오르는 상태이며, 도무지 도덕적 훈련으로는 도달할 수 없는 상태이며, 예수처럼 처음부터 그것을 물려받아 자기 소유로 하지 못한 사람들에게는 오로지 마음과 의지의 전적인 내면의 전환 및 변화를 통해서만 도달할 수 있는 그런 상태이다. 훗날 사람들은 그것을 '거듭남'이라고 불렀다. 이것에 대해 '다시 태어난다'는 이미지보다 더 정교하면서도 간결한 말을 찾을 수 없다.

이것이 예수의 설교와 사역이었다. 그의 중심과 근원은 새로운 경건, 곧 하나님의 자녀됨에 대한 의식, 하나님과의 연합이었으며, 이것이 바로 삶을 여유롭고 끊임없이 행복하게 소유하는 것이다. 동시에 하나님과의 이러한 연합은 그의 자유롭고, 순전하고 심오한 도덕성을 위한 강력한 토대이자 영속적인 옥토를 제공했다. 예수는 저 두 가지[종교성과 도덕성]를 통해 '하나의 영원한 복음'을 자신의 민족에게 뿐만 아니라 온 세계에 가져다 주었다. 새로운 의를 말하는 예수의 설교의 많은 내용이 시대에 갇혀 있다. 예수의 설교는 모든 시대의 모든 질문을 위해 완성된 법전이 결코 아니다. 그러나 예수 설교의 단순한 사유는 견고한 토대를 놓았고, 그 위에 모든 시대를 위한 참된 인간 윤리가 세워졌다. 그리고 우리의 형이상학적인 개념들, 영원과 시간, 이생과 내생, 무한과 유한의 관계에 대한 우리의 사유들 등이 당대의 개념과 다르고, 그런 것들은 성장하고 변화한다는 것도 자명하다. 하나님에 대한 우리의 표상은 결코 보이지 않는 보좌에 앉은 하늘의 왕이라는 단순한 상에 포섭되지 않는다. 그리고 오늘날 우리 시대의 신학과 철학은, 영원하고 저 너머의 실재, 영원한 운행, 모든 세계 현실의 기초를 놓는 것, 세계를 움직이고 운동시키는 것을 개념적으로 파악하기 위한 새로운 표현들을 추구하고 있다. 그러나 누군가가 이러한 최고의 경륜이, 가장 큰 것에서 가장 작은 것까지 다스리고 영원한 이념에 따라 영원한 목표로 나아가게 하는 거룩한 의지로 이해되고 느껴질 때, 겸손으로 하나님께 굽히고, 신뢰하는 마음으로 그에게 자신을 맡기며, 믿음과 도약 안에서 그분에게서 이상을 향한 삶을 위한 힘, 신선함, 기쁨을 얻을 수 있다면, 그 사람은 예수의 제자라고 할 수 있다. 예수가 오늘날 자신의 제자들에게 기대하는 것이 바로 이런 것일지도 모른다. 그리고 아마 당시 예수의 제자들은 그랬을 것이다.

예 수

우리가 앞서 논했던 '임박한 나라'의 선포와 이러한 본질적인 예수의 설교의 관계를 살펴볼 때, 이 설교와 이상이 단순한 예비 조건이나 준비 상태라는 성격을 얼마나 완벽하게 넘어서는지 확실해졌다. 예수의 설교와 이상은 그 틀을 넘어섰다. 도래하는 그 나라는 준비하는 자에게 가장 큰 놀라움을 안겨다 줄 것이다. 하나의 포도 나무에서 자라날 수천 개의 포도, 비옥한 밭, 온갖 예상되는 보물들이라 할지라도, 예수가 설교한 것들을 받아들이고 그 이상으로 마음을 가득 채운 사람, 이미 그런 마음에 젖어 있는 사람들은 그러한 것들에 (아무리 멋지다 할지라도) 무관심할 수 밖에 없다. 이는 곧 도래하는 그 나라의 본질적인 내용에 대한 예수의 무관심을 설명한다. 예수는 결코 미래의 왕국의 영광을 묘사한 적이 없다. 예수는 궁극적인 것에 대한 자신의 시대의 환상에 전혀 관심을 두지 않는다. 그런 것보다, 예수는 자신의 사역과 영적인 해방으로 오랫동안 고대되던 구원을 가져왔다고 느꼈다. 그가 가져온 본질적인 실체, 소망하던 구원이 시작된 것이다. 비록 이 느낌이 예수 안에서 명쾌한 의식이 되지 않아서 외적 표현으로 공식화 되진 않았지만 그것은 분명히 존재하고 감지될 수 있다. 예수의 설교 전체에 놓여 있는 어조는 세례 요한의 경우처럼 어떤 불안에 떨며 기다리는 자의 것이 아니라, 가장 복된 것을 소유한 자의 것이었다. 상인은 가장 비싼 진주를 발견했고 보물 사냥꾼은 밭에서 보물을 발견했다. 무엇이 더 필요하겠는가! 예수는 때때로 자신의 설교가 예언자들과 의인들이 고대하던 것을 성취하고 있음을 의식할 수 있었다.

"많은 선지자와 의인이 너희가 보는 것들을 보고자 하여도 보지 못하였고 너희가 듣는 것들을 듣고자 하여도 듣지 못하였느니라"

또한 예수를 통해 '하나님 나라'라는 말의 통상적인 의미가 부드러워졌다는

65

것도 상당히 특별하다. 그것은 전적으로 내세의 성격을 상실했다. 그것은 더이상 단순한 미래에 올 위대한 무엇, 언제가 받을 것이라 기대해야 하는 유산이아니다. 그것은 예수에 의해 완전히 새로운 의미를 갖게 되었다. 그것은 현재향유하는 내면의 상태, 내면의 소유, 내면의 행복이며, 현재 시행되는 하나님의 통치권과 그분에 대한 봉사이며, 현재 움트고 있는, 함께 구속 받고 함께 하나님을 섬기는 자들의 교제다. 결코 '하나님 나라'라는 말의 이러한 새로운 의미가 예수에게서 완성된 것은 아니지만, 이미 강력하게 선포되고 있었다. 특별히 예수의 천국 비유, 마가복음 4장 26절의 놀랍도록 심오한 비유에서 그것이잘 드러난다. 하나님 나라는 씨를 뿌리는 자와 같다. 그는 씨를 뿌리고 떠난다. 이제 뿌려진 씨는 뿌린 자의 개입 없이, 고요하고 서서히, 아무런 강박이나 규칙이나 억압없이, 인위적인 방법없이, 그야말로 밭의 씨앗 답게 처음에는 싹이, 이어서 줄기가, 그리고 마침내 완전한 열매를 맺는다. 물론 싹트는 것은 종말의 날의 외적인 내세의 왕국 같은 것이 아니다. 그것은 하늘에서 번개처럼 임한다. 그것은 뿌려지는 것도, 자라는 것도 아니다. 오히려 그것은 고요하고 서서히 자라고 내면의 모양, 내면의 사람을 이루어 가는 것으로 강압이나 규칙 없이, 준비되어 있는 땅에 뿌려진 곳이라면 어디서나 자라나는 곡물이나 줄기처럼 필연성에 따라 이루어진다. 마가복음 4장 30절의 겨자씨 비유와 같다. 갑자기 하늘에서 내려오는 내세의 하늘 나라는 자라지도 않고 확산되지도 않는다. 그러나 예수의 설교의 효력은 그러하다. 예수의 설교는 처음에는 보이지 않을 정도로 작지만 자라서 큰 나무가 된다. 그리고 누가복음 16장 16절은 한 걸음 더 나아간다.

"율법과 선지자는 요한의 때까지요 그 후부터는 하나님 나라의 복음이 전파

되어 사람마다 그리로 침입하느니라"

여기서 기쁜 소식은 더이상 '다가올' 나라에 대한 것이 아니다. 이것은 이미 세례 요한에게서 지칠만큼 들었다. 오히려 기쁜 소식은 가장 현재적인 구원, 곧 하나님의 자녀됨의 구원이다. 위의 문장의 후반부를 보라. "사람마다 그리로 침입하느니라." 저 너머의 나라로 어떻게 돌진할 수 있겠는가? 만약 저 너머의 나라라면, 사람이 할 수 있는 것이라고는 인내를 갖고 하나님이 나타내실 때까지 기다리는 것 밖에 없다. 그리고 마지막으로 누가복음 17장 20절에 한 에피소드의 마지막을 살펴보자.

"바리새인들이 하나님의 나라가 어느 때에 임하나이까 묻거늘 예수께서 대답하여 이르시되 하나님의 나라는 볼 수 있게 임하는 것이 아니요 또 여기 있다 저기 있다고도 못하리니 하나님의 나라는 너희 안에 있느니라"

이 말이 역설적이면서도 낯설게 들릴 것이다. 그러나 이러한 새로운 표상도 분명히 존재한다. 이에 대한 정확한 해석자이자 통역자는 다름아닌 바울이다. 로마서 14장 17절을 보자.

"하나님의 나라는 먹는 것과 마시는 것이 아니요 오직 성령 안에 있는 의와 평강과 희락이라"

끝으로 심각한 오해를 방지하기 위해 예수의 복음을 고려해야 한다. 종종 예수의 복음을 세계 도피의 복음 혹은 세계 고통의 복음, 곧 금욕주의나 둔감한 수도사적 도덕적 이상 및 삶의 이상으로 이해하는 경우가 있다. 이런 이유로 예수는 소유나 재산, 민족적, 정치적 사회적 직무, 인간 삶의 숭고하고 고귀한 관심사들과 직무들이 있는 것처럼 보이는 기타 다른 많은 영역에 대하여 무관심하다는 비난을 받곤 한다. 다른 한편으로, 어떤 사람들은 너무도 어두운 광신도 같은 예수의 요구를 지적하기도 한다.

"만일 네 오른 눈이 너로 실족하게 하거든 빼어 내버리라...만일 네 오른손이 너로 실족하게 하거든 찍어 내버리라."

그러나 후자의 요구부터 말해보자면, 이러한 요구들은 결코 광신적인 것도, 문자적인 의미로 '금욕적인 것'도 아니며, 오히려 매우 지당한 것이다. 이러한 요구들은 모든 이상주의(Idealismus)가 변질되지 않고 성취해야만 하는 요구로, 이상주의 그 자체가 인식하고 있는 바이다. 사람이 이상을 향해 나아갈 때 그는 철저하게 그러해야 한다. 다시 말해, 그러한 이상은 타협이나 후퇴 없이 몸과 마음을 다할 것을 요구한다. 그렇지 않으면 그것은 이상이 아니다. 그래서 어떤 가장 어려운 상황 가운데서 필요한 내려놓음과 희생이 있으며, 어떤 가장 쓰디쓴 상황에서는 필연적인 갈등이 있다. 특히나 하나님에게 헌신하고, 도덕법에 순종하는 것 등, 이상과 양심의 요구들이 다루는 문제에서는 더욱더 그러하다. 예수를 통해 이상에 대한 요구가 매우 날카롭고 단호하게 드러남으로써 예수의 위대함이 또한 입증된다. 그는 단순히 요구하고 그친 것이 아니라 자신의 삶과 죽음으로 비교할 수 없는 위대하고 완전한 일을 성취했고 또한 스스로를 입증했다.

한편 전자의 비판은 납득할 만 하지만 그럼에도 그것이 예수의 윤리의 부정적인 성질을 입증하는 것은 아니다. 어떤 기독교의 원리에 따른 내적인 혐오로 인해 저 언급된 영역들에 대한 반대가 있는 것이 아니다. 그러나 만물의 종말이

문 앞에 이르렀다는 보편적이고, 엄청나게 확고한 신앙이 있다면, 당연히 새롭고 독립적인 정치적인 것, 사회적인 것 등에 대한 흥미와 이상이 추구되는 것은 불가능하다. 다른 한편 간혹 사람들이 간과하는 것이 있는데, 예수가 준 선물과 예수가 요구한 세계 소명은 종교적-도덕적 영역에 놓여있다는 점이다. 그러나 모든 사명과 소명에 대하여, 예수는 온 힘을 의도적으로, 일방향으로 한 곳에 집중시킬 것을 요구한다. 만약 누군가가 자신이 어떤 특정한 과업을 위하여 부름을 받았다고 인지한다면, 그 사람에도 그러한 의식은 점점 더 자랄 것이다. 예수는 이러한 관점으로 자신을 바라보았는데, 누가복음 12장 14절의 촌철살인은 이것을 잘 보여준다.

"이 사람아 누가 나를 너희의 재판장이나 물건 나누는 자로 세웠느냐"

그리고 모든 사명에 포함되는 필연적인 그와 같은 일방향의 의식은 가나안 여인에 대한 첫 대답에도 나타난다.

"나는 이스라엘 집의 잃어버린 양 외에는 다른 데로 보내심을 받지 아니하였노라"

어쨌거나 예수의 모습을 금욕주의자로 그리는 것은 철저한 왜곡이고 예수의 경건의 성격에 대한 가장 심각한 오해이다. 예수가 금욕주의자가 아니라는 사실은 요한과 비교할 때 가장 확실하다. 우리는 요한을 광야에서 발견하지만 예수를 사람들 가운데서 발견하며, 그의 사교성, 번민, 관심사, 잔치나 친구들을 볼 때 더욱 그러하다. 요한의 설교는 우중충하고, 어둡고, 어렵지만, 예수의 설교는 찬란함과 반짝임으로 가득하다. 요한의 정취는 '종'의 것이지만, 예수와 그의 정취는 자유 가운데 태어난 하나님의 아들의 것이다. 요한의 신앙은 구약에 속한, 신랄한, 두려움 가득한 것이지만, 예수의 신앙은 모든 두려움과 근심을 잊은 승리하는 어린아이의 확신이다. 요한은 금식을 명했지만, 예수는 금식을 금했다. 요한은 진정한 의미에서 금욕을 실천하고, 털 옷을 입고, 은둔 생활을 하며, 메뚜기와 야생꿀을 먹었지만, 예수는 그런 것을 모른다. 예수는 특수한 회개나 치리 규정, 기이한 것들, 영적인 수행 방법이나 규칙을 모르며, 오히려 온갖 세심한 규율들을 해방하며, 오로지 선의지로부터 자유로이 흘러나오는 신성한 심성만을 확립한다. 요한은 금욕적-수도사적 경건의 전형이고, 예수는 정반대의 전형이다. 무엇보다 예수 스스로가 그러한 의식을 갖고 있다. 그는 이렇게 말한다.

"생베 조각을 낡은 옷에 붙이는 자가 없나니 만일 그렇게 하면 기운 새 것이 낡은 그것을 당기어 해어짐이 더하게 되느니라."

또한 예수는 스스로 요한의 금욕에 반대하여 '먹기를 좋아하고 포도주를 즐기는 자'라는 비난과, '세리와 죄인들의 친구'라는 욕을 들었다. 또한 예수는 요한의 제자들이 놀라워하며 왜 예수의 제자들이 금식하지 않는지에 대해 물었을 때 이렇게 답했다.

"혼인집 손님들이 신랑과 함께 있을 동안에 슬퍼할 수 있느냐?"

수도사의 훈련이나 절차에는 경건이라고 할 수 있는 것이 거의 없고, 기껏해야 수도실에서 수도원 복장을 하고, 은거하여 수도원 규율을 따르는 것 뿐이다. 신비주의적 분위기, 엑스터시적인 희열을 추구하고 가꿀 순 있지만, 거기서는 예수가 추구하는 방식으로 경건하게 될 수는 없다. 예수의 경건에는 그야말로 삶이 필요하고, 수많은 경험이 필요하고, 세계와 사람이 필요하며, 기쁨과 십자가가 필요하며, 그 모든 것이 영원한 근본적인 멜로디로 들리게 할 전체 삶의 상호작용이 필요하다. 마치 작곡을 할 때 기본 화음을 빼고도 할 수 없듯, 고립된 경건은 유지되기 어렵다. 한편, 예수의 새로운 의도 예수의 경건과 동일하다. 바리새인들의 형편없는 옛 의는 철저히 금욕적이었다. 그것은 치워버려야 할 누룩이다. 예수의 단순한 도덕에는 금욕적 덕목을 위한 자리가 없다. 예수의 단순한 도덕의 내용은 세계, 삶, 형제 및 그들과의 교제 등을 전제로 하는 의무들이며 그것들 중 가장 근본적인 명령은 다름 아닌 '사랑의 계명'이다. 이것은 금욕주의, 부정적인 도덕, 세계 도피를 뿌리부터 근절한다. 수도사나 도피하는 자가 이웃을 사랑할 수 없다. 왜냐하면 그들에겐 이웃이 없기 때문이다. 사랑은 삶으로, 일터로, 사람에게로 향하게 만든다. 세계 종말에 대한 표상은 복음서의 껍데기일 뿐임을 생각해보라. 그리고 예수의 대범하고, 세계를 이긴 듯하며, 즐거우면서도 용감한 심성을, 강인하고 도덕적인 의지를, 인간을 포함하여 인간적인 모든 것에 대한 사랑을 생각해보라. 이것은 예수의 작고 외딴 공동체로부터 나와 세계에 소개되었으며, 또한 세계의 과업들과 마주한다. 이것들은 각각의 영역에 들어가야 한다. 만약 이것들이 각각의 영역으로 들어가지 못한다면, 쇠약해지고 쭈그러들 것이다.

만약 예수의 설교와 이상을 그의 고유한 심성과 성품에 따라서 해석해야 한다면 위와 같은 종류의 비판들은 불가능해진다. 전통적인 직관은 예수의 성품에 대해 말하기를 꺼린다. 전통적인 견해에 따르면 예수는 교리적으로 이중 본질을 지닌 합성 인격(zusammengesetzte Person)으로 고유한 성품을 떠올리는 것이 불가능하다. 혹은 전통은 예수를 인류 그 자체의 화신, 즉 그 인격 안에 인류 일반을 담고 있는 존재로 본다. 그러나 복음서가 우리에게 제시하는 실제적인 그림은 저러한 두 가지를 거부한다. 복음서가 제공하는 그림은 결코 인격의 보편화나 추상화가 아니다. 오히려 확실한 개별성, 명확한 기질, 쉽게 추적할 수 있는 성품을 가진 상이 제시된다. 그리고 그것은 '하나의' 상이다. 그것을 정확하게 보기 위해, 모든 교리적(혹은 非교리적) 특징들, 또한 모든 거짓된 인위적인 전통에서 생각해낸 묘사들을 제쳐두자. 예를 들면 매끄럽고 부드럽고 지나치게 아름다운 그리스도의 얼굴, 매끈하고 깔끔하게 다듬어진 남성들의 모습, 도발적인 눈빛, 혹은 수척하고 어딘가 기진맥진한 참회자 또는 금욕자, 때로는 대범하거나 때로는 광신적인 모습 등을 제쳐두자. 이것들은 전부 예술적 혹은 비예술적인 환상에 따라 만들어졌을 뿐, 결코 최초의 세 복음서들의 역사적 예수 상은 아니다. 저러한 가짜 상들은, 예수가 자신의 두 제자를 우뢰의 아들들로 부르고 가장 사랑하는 제자들 중에 그들을 포함시키거나 혹은 아주 격렬하고 날카로운 말로 자신의 제자 베드로를 향해 "사탄아 내 뒤로 물러 가라 너는 나를 넘어지게 하는 자로다"라고 말하거나, 또한 자신의 적을 향해, "회칠한 무덤"이요, "죽은 사람의 뼈와 모든 더러운 것이 가득"하다고 욕하고, 엄청난 분노로 채찍을 휘둘러 성전을 정화시키고, 헤롯을 향해 "저 여우에게 이르라"며 거만하게 조롱하며, 하늘에 계신 아버지에게 기쁜 마음으로 감사를 드리며 환호를 하고, 그 가장 치열한 투쟁, 가장 쓰라린 고통 가운데서도 나뉘지 않는 마음으로 싸울 수 있다는 암시를 줄 수 없다. 저것들은 예수의 성품의 자연적인 근거를 형성할 수 있는 활기 넘치는 본성에 대해서 아무것도 제공할 수 없다. 그러나 이러한 본성이 종교적-도덕적 의식과 합쳐진다면, 그야말로 탁월한 성품이 이루어질 것이다. 그 기질은 비교할 수 없는 도덕적 의지의 강인함, 깊음과 열정에 대한 헌신, 자신의 하나님, 자신의 소명, 자신의 형제에 대한 헌신을 향한 사그라들지 않는 에너지가 된다. 내면에 대한 집중, 속사람의 집대성이 자신과 하나님과 함께하는 동안 그를 감싸고 또한 삶의 모든 폭풍 속에서 그를 인도한다. 그렇기 때문에 예수에게는 어떤 상황도 감당할 수 있는 내적인 확신이 있다. 바로 그 확신이 단순한 나사렛 사람이자 목수인 그를 서기관, 대제사장, 로마 총독보다 우월하게 만든다. 바르고, 확실하고, 밝고, 자유롭고, 참으로 왕같은 본질이 그에게 놓여있다. 그러나 동시에 그것은 결코 놓쳐서는 안 되는 것, 가장 깊은 따뜻한 느낌, 최고로 순수한 사랑과 연결된다. 심판이 있는 곳에서도 예수는 이해하고, 용서하고, 바로 세우고, 위로하는 방법을 알고 있다. 예수는 모든 쫓겨난 자들을 찾아다니며 세리들과 죄인들에게서 믿음과 사랑의 가장 작은 불씨를 찾아내어 그것을 키운다. 어린아이들이 예수의 친구이며, 예수는 어린아이 같은 마음을 자신의 제자들에게 모범으로, 천국에 들어갈 수 있는 입장권으로 제시한다. 그의 본성과 연설에 묻어나는 자연스러움, 우아함과 신선함, 반짝임과 화려함, 그리고 또한 그의 사유의 다양함과 생생함, 그의 비유의 구체성, 그의 이상 세계의 무궁무진함과 다면성이 퍼져나간다. 그것은 별도의 노력 없이 쉽고 당연하게, 꾸밈없이 자연스럽게 빛나고 샘솟으며, 그렇기 때문에 영원한 고전이자 불멸의 것이다. 그의 모든 것이 격정이나 격식 없이, 가장 높고, 가장 단순한 마음으로, 또한 사유를 위한 가장 심오한 무한한 소재로 가득 차 있다.

하지만 우리는 모든 것을 조각으로만 갖고 있다. 심지어 그 모든 것은 닳았고, 쪼개졌고, 심지어 전승의 온갖 서툰 손질로 인해 엉망으로 끼워 맞춰졌다. 비유하자면, 우리는 모든 것을 어둠 가운데 여기 저기 흩어져 깨어진 거울을 통해서만 볼 수 밖에 없다. 귀로 직접 듣고 인격 대 인격으로 그를 경험한 사람들은 어떠했을까? 비록 사람들이 자꾸 그의 상을 장식하려들지만, 정작 예수 그 자신은 어떠한 존재였을까? 사실, 역사적 관찰은 예수의 제자들이 자신들의 스승에게 행한 그 숭배의 '일점일획'(Jota)도 폐지하지 않는다. 물론 역사 관찰은 "예수=어린 양"이라는 오래된 드라마로, 혹은 "예수=신비"라는 감상적인 형태로 후퇴하지 않는다. 하지만 "그리스도 우리의 주, 우리의 영웅, 우리의 왕"이라는 오래된 외침과 고백 안에서 기쁨으로 새로운 표현과 더불어 더욱더 철저하고 더욱더 자라나는 '영웅 숭배/존경(Verehrung)'이 시작된다. 어떤 형식으로 이러한 숭배/존경을 하고, 그것이 얼마나 깊어질지는 개개인의 심성에 달려있다.

닫는 말

　지금까지 예수의 삶과 사역에 대한 질문들을 역사적으로 답해보았다. 이것
은 또한 다른 많은 질문들을 불러일으킨다. 예수의 설교는 우리의 확신과 신앙
과 경건에 어떤 의미를 갖는가? 예수의 인격은 예수의 설교의 타당성에 어떤
의미를 갖는가? 이와 같이 진리와 보편타당성을 주장하는 설교의 경우, 설교하
는 자의 인격이 대단히 중요하며 그것은 단순히 유클리드의 기하학이 타당한지
보기 위해 그의 인격을 살피는 것과는 비교할 수 없다는 것은 분명하다. 더 나
아가 더욱 일반적인 질문이 있다. 역사의 거대한 현상들과 그 내용들은 인간 존
재의 영원한 의미와 목적을 널리 알리고 공포하는 계시의 역사적 시점으로 파
악되어야 하는가? 그리고 이러한 일반적인 것과 관련하여 아주 특수한 질문이

주어진다. 종교사, 특히 이스라엘 종교사와 예수의 현현은 이와 같은 계시의 역사적 시점 아래 어떤 의미를 갖는다고 말할 수 있는가? 그 외에도 많은 질문이 있다. 언젠가 이러한 질문들을 들고 다시 돌아올 기회가 있을 것이다.

저자 소개 | 루돌프 오토(1869-1937)

　독일의 종교학자이자 신학자. 괴팅겐, 브레슬라우, 마르부르크 등에서 교수 생활을 했으며, 또한 인도, 스리랑카, 중국, 일본, 중동, 아프리카 등 세계 각국을 여행하며 종교를 연구했다. 그의 주요 작품은 〈성스러움의 의미, Das Heilige〉이다.

역자 소개 | 진규선

대신대학교 신학과와 총신대학교 신학대학원을 졸업한 목사로서, CLC Korea에서 해외도서팀 편집팀장으로 근무했다. 알맹2, 라비블, 크리스천투데이, 뉴스앤조이 등을 통하여 해외 미번역 도서를 국내에서 소개했고, 현재는 유튜브 채널 진목TV를 운영하며 스위스 바젤대학교 조직신학 박사과정 중에 있다. 옮긴 서적으로는 『곤잘레스 신학용어사전』, 『신학용어사전』, 『어떻게 사랑할 것인가』, 『첫 유월절 어린양』, 『인포그래픽, 반 고흐』, 『창세기 설화』, 『예수가 선포한 하나님 나라』, 『예수 그리스도의 설교 』, 『이스라엘-유대 종교』 등이 있으며, 저서로는 『로마서』가 있다.